Les allergies

Illustrations : Tiffany Lynch/New Division
Conception graphique : Emily Cook

L'auteur souhaite remercier Michelle Berriedale-Johnson
pour les délicieuses recettes proposées dans ce livre.

Les régimes et les informations contenus dans cet ouvrage
sont publiés à titre d'information seulement et ne sauraient
en aucun cas remplacer les conseils d'un spécialiste qualifié.
Consultez toujours votre médecin de famille ou un professionnel de la santé avant de suivre l'un des traitements suggérés
dans ce livre.

Consultez un homéopathe pour les mesures des produits
homéopathiques puisque la manière d'indiquer le dosage
peut varier d'un pays à l'autre.

**Catalogage avant publication
de la Bibliothèque nationale du Canada**

Scott-Moncrieff, Christina

   Les allergies

   Traduction de : *Overcoming Allergies*.

   1. Allergies – Ouvrages de vulgarisation.
   2. Allergiques – Alimentation.
   3. Allergie – Traitement. I. Titre.

RC584.S3614   2004   616.97   C2004-940084-3

Dépôt légal : 1er trimestre 2004
Bibliothèque nationale du Québec

ISBN 2-7619-1864-9

DISTRIBUTEURS EXCLUSIFS :

• Pour le Canada
et les États-Unis :
MESSAGERIES ADP*
955, rue Amherst
Montréal, Québec
H2L 3K4
Tél. : (514) 523-1182
Télécopieur : (514) 939-0406
* Filiale de Sogides ltée

• Pour la France et les autres pays :
INTERFORUM
Immeuble Paryseine, 3, Allée de la Seine
94854 Ivry Cedex
Tél. : 01 49 59 11 89/91
Télécopieur : 01 49 59 11 96
Commandes :   Tél. : 02 38 32 71 00
                  Télécopieur : 02 38 32 71 28

• Pour la Suisse :
INTERFORUM SUISSE
Case postale 69 - 1701 Fribourg - Suisse
Tél. : (41-26) 460-80-60
Télécopieur : (41-26) 460-80-68
Internet : www.havas.ch
Email : office@havas.ch
DISTRIBUTION : OLF SA
Z.I. 3, Corminbœuf
Case postale 1061
CH-1701 FRIBOURG
Commandes :   Tél. : (41-26) 467-53-33
                  Télécopieur : (41-26) 467-54-66
                  Email : commande@olf.ch

• Pour la Belgique et le Luxembourg :
INTERFORUM BENELUX
Boulevard de l'Europe 117
B-1301 Wavre
Tél. : (010) 42-03-20
Télécopieur : (010) 41-20-24
http://www.vups.be
Email : info@vups.be

Pour en savoir davantage sur nos publications,
visitez notre site : **www.edhomme.com**
Autres sites à visiter : www.edjour.com • www.edtypo.com
www.edvlb.com • www.edhexagone.com

Gouvernement du Québec – Programme de crédit d'impôt pour
l'édition de livres – Gestion SODEC – www.sodec.gouv.qc.ca

L'Éditeur bénéficie du soutien de la Société de développement
des entreprises culturelles du Québec pour son programme
d'édition.

Nous reconnaissons l'aide financière du gouvernement du
Canada par l'entremise du Programme d'aide au développement de l'industrie de l'édition (PADIÉ) pour nos activités
d'édition.

Dr Christina Scott-Moncrieff

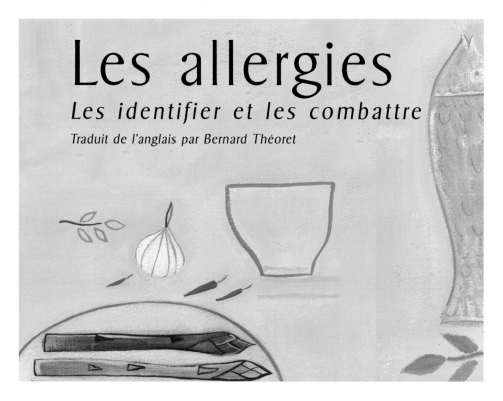

Les allergies

Les identifier et les combattre

Traduit de l'anglais par Bernard Théoret

LES ÉDITIONS DE L'HOMME

Table des matières

Introduction

Il semble que les allergies affectent de plus en plus d'individus. On estime qu'en Occident, une personne sur trois souffre d'allergies, à un moment ou à un autre de sa vie. Les maladies comme l'asthme et des réactions anaphylactiques à des aliments comme les arachides sont de plus en plus courantes. Il ne faut pas écarter les traitements conventionnels sans réfléchir : ils peuvent sauver des vies. Pourtant, trop souvent, ils ne font que supprimer les symptômes plutôt que les guérir et, en plus, ils entraînent fréquemment des effets secondaires nuisibles.

Cet ouvrage vous suggère diverses façons pour vous aider à maîtriser, une fois pour toutes, les allergies et les intolérances. Son objectif est de vous permettre de prendre vos allergies en main. Il est centré sur les étapes d'un régime alimentaire complet, mais il dresse aussi une liste des médecines douces et des remèdes naturels qui peuvent vous aider à combattre les causes sous-jacentes de vos allergies pour rétablir votre santé et votre bien-être.

La première étape est d'identifier votre allergie et ses causes ainsi que les déclencheurs non allergènes et les facteurs aggravants pour être en mesure de les

éviter autant que possible. La deuxième étape consiste à améliorer votre santé générale – en suivant un bon régime, en réduisant le stress et en limitant votre exposition aux substances chimiques qui doivent être transformées en composés plus sûrs avant d'être évacuées par votre corps. Faire face au stress et à des substances chimiques étrangères consomme une quantité étonnante d'énergie – que vous pouvez mieux utiliser pour jouir de la vie ! Si vos symptômes allergiques persistent après avoir pris les mesures suggérées pour vous soigner vous-mêmes, il faut peut-être que vous envisagiez de consulter un thérapeute spécialisé en médecines douces et complémentaires.

Comment utiliser cet ouvrage

La première section décrit les symptômes les plus courants des allergies. Pour chacun de ces symptômes, vous trouverez des mesures qui vous permettront de vous aider vous-mêmes ainsi que des références à des pages qui contiennent des informations supplémentaires. Vous trouverez aussi des suggestions de changements de régime alimentaire pour un grand nombre d'allergies et l'on vous indiquera, soit de suivre le régime de **la deuxième section,** soit de songer à d'autres changements de régime. Les étapes du régime proposées constituent une approche structurée de l'identification des aliments qui peuvent provoquer des symptômes ; on vous donne aussi des conseils pour revenir à une manière plus normale de manger.

Dans la première section, vous trouverez plusieurs symptômes – comme le syndrome du côlon irritable (SCI) et l'arthrite – que les médecins de médecine traditionnelle ne traitent généralement pas comme des allergies. Cependant, les spécialistes en médecine environnementale considèrent souvent que ces symptômes peuvent être soignés comme on soigne les allergies. C'est la raison pour laquelle ces symptômes figurent dans la première section. Vous trouverez aussi des chapitres sur la fatigue chronique et sur la candidose, souvent associées toutes les deux à la prédisposition à développer des allergies. De telles allergies disparaissent habituellement lorsque la fatigue et la candidose sont soignées.

La troisième section traite de l'influence d'un mode de vie sain pour combattre les allergies. Il y est question du choix d'un régime sain, d'exercices physiques effectués sur une base régulière et du niveau de stress. Ceux qui souffrent d'allergies verront ici l'impor-

tance de se créer un environnement peu allergène. Nous vous donnons donc des conseils pour créer cet environnement chez vous, à votre lieu de travail ainsi que dans votre jardin.

La quatrième section dresse une liste des soins professionnels que vous pouvez obtenir, soit de votre médecin, soit de praticiens d'une vaste gamme de médecines douces et complémentaires comme les systèmes de soins traditionnels chinois et indien, la naturopathie, l'homéopathie, le massage, l'aromathérapie, l'ostéopathie, le shiatsu, l'hydrothérapie, l'hypnothérapie, l'auto-guérison, le training autogène et la rétroaction biologique.

POUR VOTRE SÉCURITÉ…

· Ne posez pas de diagnostic vous-mêmes : consultez toujours un médecin pour qu'il pose un diagnostic ou pour éliminer d'autres maladies qui exigeraient des examens et un traitement traditionnels.

· Ne modifiez pas votre médication sans en discuter d'abord avec votre médecin.

· Si vous êtes enceintes ou s'il est possible que vous le soyez, faites particulièrement attention.

· Certaines approches indiquées dans cet ouvrage ne conviennent pas aux enfants, aux personnes âgées ou frêles ainsi qu'à certaines personnes qui souffrent d'autres maladies. Vous trouverez des mises en garde spécifiques tout au long de l'ouvrage, mais vous devriez consulter votre médecin pour obtenir des conseils personnels si vous n'êtes pas certains des mesures à prendre.

Prenez
vos allergies
en main

Qu'est-ce qu'une allergie ?

UNE ALLERGIE EST UNE RÉACTION DU SYSTÈME IMMUNITAIRE À LA SUITE D'UN CONTACT AVEC UNE SUBSTANCE QUI N'EST PAS GÉNÉRALEMENT DANGEREUSE.

Les symptômes de plusieurs types d'allergies se manifestent très rapidement et touchent généralement la partie du corps qui est entrée en contact avec la substance non dangereuse. La plupart des réactions allergiques se manifestent dans la bouche, le nez, les poumons, l'appareil digestif ou sur la peau. Dans le cas du rhume des foins, par exemple, le contact avec le pollen des herbacées déclenche l'écoulement du nez et des larmoiements, des éternuements fréquents ainsi que des irritations et des démangeaisons des yeux, du nez, du palais et même des oreilles.

Les symptômes se manifestent lorsque le système immunitaire, pour une raison inconnue, réagit excessivement à une substance dont, croit-il, il faut protéger le corps. De telles substances sont des allergènes. Ils peuvent déclencher une réaction allergique lorsqu'ils sont en contact avec le corps – en y touchant, par inhalation, par ingestion ou par injection.

Il peut parfois y avoir confusion, parce que des symptômes similaires, sinon identiques à ceux d'une réaction allergique, peuvent être déclenchés sans que le système immunitaire soit apparemment en cause. Les éternuements fréquents et un nez qui coule, par exemple, sont des réactions allergiques lorsqu'elles sont déclenchées par une exposition au pollen des graminées. Mais ce ne sont pas des réactions allergiques lorsqu'elles sont le résultat d'une irritation chimique, comme lorsqu'on coupe un oignon, ou qu'elles sont le résultat d'un rhume commun.

DES RÉACTIONS ALIMENTAIRES NON ALLERGÈNES

Certains aliments produisent des symptômes similaires à ceux qui sont déclenchés par une allergie ou par une intolérance alimentaire, mais la cause en est complètement différente. Les réactions alimentaires non allergènes peuvent être difficiles à traiter, votre médecin pourra cependant vous aider. Ces réactions sont, par exemple :

· Les symptômes déclenchés par des aliments qui contiennent ou libèrent de l'**histamine** (p. 73), une des substances chimiques libérées par le système immunitaire lors d'une réaction allergique.

· Les symptômes déclenchés par des aliments contenant des **substances chimiques** agissant presque de la même manière qu'une drogue comme la caféine (p. 73).

· Les symptômes causés par l'incapacité du corps à produire certains sucs digestifs. Par exemple, la plupart des personnes d'origine africaine ou asiatique sont incapables, une fois sorties de l'enfance, de digérer le sucre que contient le lait. D'autres ne peuvent pas décomposer toutes les protéines du blé, du lait ou du maïs.

· Des symptômes de toxicité qui sont déclenchés par certains aliments comme les haricots rouges qui n'ont pas été suffisamment cuits.

· Des symptômes d'empoisonnement alimentaire causé par des aliments contaminés.

Des réactions aux substances chimiques

Il semble que certaines personnes soient sensibles aux substances chimiques qui pénètrent dans leur corps, soit à travers la peau, soit par inhalation.

Si vous êtes sensibles aux substances chimiques – comme les vapeurs d'essence ou de peinture, les parfums, les pesticides et la fumée de cigarette – vous êtes susceptible de souffrir de plusieurs symptômes comme la migraine, la fatigue, les douleurs abdominales, la rhinite, l'eczéma et l'urticaire lorsque vous êtes en contact avec ces produits (voir aussi, sensibilité aux **substances chimiques,** p. 48).

Les réactions alimentaires

De nombreuses personnes ont diverses réactions aux aliments. En fait, une personne sur six a une allergie alimentaire qui peut aller de relativement faible à très grave. Habituellement, les allergies durent toute la vie, elles refont surface chaque fois que l'on mange l'aliment qui en est responsable. Il est donc essentiel de l'éviter. N'importe quel aliment peut être responsable d'une allergie, mais les plus courants sont les arachides, le poisson, les crustacés, la papaye et les fraises. Les ennuis commencent dès que l'aliment entre en contact avec la bouche, provoquant une sensation de picotement et une enflure locale. On peut aussi ressentir d'autres symptômes comme des nausées, des crampes et des maux d'estomac. L'allergie peut aussi déclencher de l'**urticaire** (p. 20), une **respiration difficile** (p. 30) et une toux. Dans certains cas rares, on peut souffrir d'**anaphylaxie** (p. 13).

Qu'est-ce que l'intolérance alimentaire ?

Le système immunitaire ne semble pas être en cause dans l'intolérance alimentaire. De plus, les symptômes – comme les **maux de tête** (p. 40), la **fatigue** (p. 42), la dépression, les douleurs musculaires ou les courbatures, les **ulcères buccaux** (p. 23), les problèmes de digestion comme le **syndrome du côlon irritable** (p. 34)

et l'**arthrite** (p. 46) – surviennent habituellement moins rapidement et sont plus susceptibles d'affecter des parties du corps comme le cerveau. N'importe quel aliment peut provoquer une intolérance, mais les plus courants sont ceux que l'on mange fréquemment comme le blé, les œufs et le lait. Il est préférable d'éviter les aliments responsables de l'intolérance, mais, contrairement à une allergie alimentaire, vous pouvez éventuellement réintroduire les aliments qui en sont responsables.

Quelles sont les causes des allergies?

On pense que les allergies sont le résultat de la combinaison d'une sensibilité héréditaire et de conditions environnementales défavorables. La façon dont on hérite de cette tendance est complexe et n'est pas entièrement expliquée. Il est encore plus curieux de constater que certains membres d'une famille développent une allergie, alors que d'autres ne la développent pas. Des jumeaux identiques, par exemple, ont exactement les mêmes gènes et peuvent obtenir des résultats positifs à des tests RAST (radio-allergo-absorbants) (p. 137), alors que, dans certains cas, seulement l'un des deux développera des symptômes allergiques.

L'environnement, où nous vivons et où nous travaillons, peut jouer un rôle significatif. On sait, par exemple, que le risque de développer une allergie est plus grand chez les personnes qui ont été exposées à des allergènes pendant les premières semaines de leur vie (p. 131). Les infections, comme la grippe, peuvent aussi déclencher un début d'allergie, surtout si, au même moment, la personne a subi un traumatisme émotionnel comme un deuil.

La diète joue aussi un rôle. Les gens qui ont des symptômes d'allergies ont souvent une déficience en

minéraux, particulièrement en magnésium (p. 113), même s'il n'est pas certain que cette déficience soit la cause ou le résultat de l'allergie. De récentes recherches ont aussi démontré que le fait de manger des fruits et des légumes frais offre aux enfants une certaine protection contre le développement de l'asthme.

L'anaphylaxie

L'anaphylaxie ou choc anaphylactique est une réaction allergique grave où tout le corps peut réagir. Cette réaction peut survenir très rapidement après le contact avec l'allergène responsable comme une piqûre ou un aliment. Heureusement, cela se produit rarement. Parmi les symptômes, on trouve :

- des démangeaisons et une enflure autour de la figure, à l'intérieur de la bouche, sur la langue et dans la gorge. Le sujet peut avoir des difficultés à respirer et avoir une respiration sifflante ;
- une congestion cutanée et une **éruption d'urticaire** (p. 20) ;
- des palpitations et, au même moment, une faiblesse due à une chute de la tension artérielle ;
- des crampes d'estomac et des nausées ;
- un collapsus et une perte de conscience peuvent suivre.

Il faut alors recourir à des soins d'urgence. Si la victime a déjà eu une attaque et qu'elle a, sur elle, des médicaments contenant de l'adrénaline et des antihistaminiques, ils doivent être administrés sans délai. L'adrénaline doit être injectée ou, si elle est prescrite en inhalation, doit être vaporisée à l'intérieur de la joue ; dans certains cas, les deux peuvent être nécessaires. (Attention : ne pas donner d'adrénaline à une personne qui a un problème cardiaque, sauf si ce médicament lui a été prescrit par le médecin.) Il faut toujours demander l'aide d'un médecin ou appeler une ambulance. Même si la personne semble se rétablir, il faut toujours consulter, car une rechute peut survenir lorsque les médicaments cessent de faire effet.

En attendant, il faut desserrer les vêtements autour du cou et de la taille et aider la victime à s'étendre, ce qui permet à sa tension artérielle de remonter. C'est encore mieux si vous pouvez aussi surélever un peu les jambes et les pieds. Si l'enflure autour du cou et de la gorge rend la respiration difficile, vous pouvez surélever la partie supérieure du corps avec des oreillers ou des coussins, mais il faut que la tête soit toujours penchée vers l'arrière pour garder les voies aériennes ouvertes. Si la réaction a été causée par une piqûre d'abeille, il faut enlever le dard qui est resté dans la peau (p. 15). Si la victime commence à vomir, penchez la tête sur le côté.

Des précautions raisonnables

La première attaque d'anaphylaxie peut survenir à l'improviste, mais, souvent, il y aura eu auparavant une réaction à une piqûre ou à un aliment. Si vous avez une réaction, quelle qu'elle soit, il vaut certainement la peine de consulter votre médecin parce que les réactions ont tendance à être de plus en plus graves chaque fois. Votre médecin pourra peut-être faire un traitement d'immunothérapie par **désensibilisation** (p. 136) ou prescrire des médicaments.

Si vous avez déjà eu une réaction anaphylactique, il est important d'avoir toujours vos médicaments avec vous. L'adrénaline n'est efficace que pendant un certain temps ; il faut donc que vous notiez la date de péremption dans votre agenda ou sur un calendrier pour vous rappeler de renouveler votre ordonnance. Il est aussi recommandé de porter un bracelet ou un pendentif où sont indiqués les détails de votre allergie.

Les animaux domestiques et les insectes peuvent causer des allergies

Si les allergies sont courantes dans votre famille, il y a égalELEMENT beaucoup de risques pour que vous deveniez aussi allergiques aux occupants non humains de votre maison, comme les animaux domestiques et les insectes nuisibles.

Même si ce sont des animaux très propres, il y a plus de risques que les chats provoquent des allergies que les chiens parce que la protéine contenue dans la salive qu'ils produisent en se léchant est diffusée dans l'air lorsqu'elle sèche. Cette protéine est extrêmement tenace, on la retrouve même dans certaines maisons des années après que les chats les ont quittées. Les chats, les chiens, les chevaux et autres animaux à fourrure peuvent aussi produire des symptômes d'allergies à cause des squames animales, sortes de pellicules de leur fourrure. La fourrure transporte aussi d'autres allergènes comme le **pollen** (p. 27 et 28). Les personnes qui ont des oiseaux peuvent devenir allergiques à leurs plumes ; d'autres peuvent réagir aux plumes des oreillers et des coussins. On a aussi constaté des allergies aux particules de peau que perdent les coquerelles.

Les acariens sont responsables de nombreuses allergies dans les pays tempérés (p. 19), leurs matières fécales et leur fiente sont des sources courantes d'allergènes. Les matières fécales et l'urine des chiens, les matières fécales des coquerelles et la fiente des oiseaux contiennent aussi des allergènes.

Les piqûres d'insectes

Les insectes se protègent grâce à leur capacité à piquer et à injecter une petite quantité de poison à leurs victimes. Pour la plupart des gens, cette toxine injectée ne produit qu'une irritation passagère, mais d'autres personnes ont une réaction allergique qui peut être grave, surtout si elles ont été piquées plusieurs fois par le même type d'insecte.

Généralement, les abeilles et les bourdons ne piquent que s'ils sont provoqués, mais ils laissent leur dard dans la peau, fixé à un sac qui continue à injecter du venin. Il faut enlever le dard le plus rapidement possible en donnant une chiquenaude avec un ongle ou en utilisant des pinces à épiler appuyées le plus près possible de la peau pour ne pas pincer le sac de venin. Les guêpes et les

Pour une famille qui souffre d'allergies, les reptiles sont probablement les animaux domestiques les plus sûrs !

frelons sont généralement plus agressifs, mais ne laissent pas leurs dards dans la peau. Ils sont souvent attirés par le sucre et peuvent survenir lors d'un pique-nique ou se cacher dans un fruit, sur un arbre. Lorsqu'ils s'approchent, il est préférable d'éviter les mouvements brusques et de s'éloigner doucement.

Après la piqûre

Pour les piqûres dans ou près de la bouche ou pour les piqûres qui enflent rapidement, consultez toujours un médecin (voir aussi, **anaphylaxie,** p. 13) et donnez aussi les premiers soins.

- **Prenez un antihistaminique** pour soulager l'irritation et, si nécessaire, du paracétamol (acétaminophène) pour soulager la douleur. Des remèdes homéopathiques comme l'Apis mellifica 6CH sont efficaces pour les piqûres d'abeilles ou de guêpes (un comprimé toutes les 15 min pendant environ 1 h) ; on peut aussi prendre du Ledum 6CH (prendre quatre doses, à raison d'un comprimé toutes les 15 min et, ensuite, un comprimé toutes les 3 h jusqu'à ce que la douleur se calme – pour les enfants en bas âge et les jeunes enfants, utilisez de 6 à 10 granules). Pour obtenir des renseignements supplémentaires, consultez la p. 116.
- **Appliquez de la glace** pendant 10 min au maximum. Pour les piqûres d'abeille, vous pouvez aussi appliquer une pâte constituée d'eau et de bicarbonate de soude. Pour les piqûres de guêpe, appliquez un tampon de coton imprégné de vinaigre.

Évitez les piqûres d'insectes

- **Couvrez-vous bien** et ne marchez pas pieds nus dehors. Évitez les vêtements aux couleurs vives, surtout les imprimés à fleurs.
- **Portez des gants et un chapeau** pour faire du jardinage et des gants (et un casque) pour faire du vélo ou de la motocyclette.
- **Évitez les parfums** ainsi que les désodorisants parfumés, les crèmes solaires et les cosmétiques parce que ces produits attirent les insectes. La sueur et le dioxyde de carbone qu'on expire les attirent aussi, il faut donc être prudents, surtout lorsqu'on fait de l'exercice à l'extérieur.
- **Prenez des précautions lorsque vous cuisinez,** lorsque vous mangez à l'extérieur ou lorsque vous cueillez des fruits, surtout les pommes, les prunes et les poires. Couvrez bien les aliments et évitez les endroits où l'on nourrit les animaux. Pendant que vous mangez, examinez les aliments et les liquides pour vérifier s'ils ne contiennent pas d'insectes et ne buvez jamais directement de la canette.
- **Empêchez les insectes d'entrer dans la maison** en fermant les portes et les fenêtres ou, si vous préférez, en installant des moustiquaires. Couvrez aussi tous les aliments.

LES RÉACTIONS AUX PIQÛRES ET AUX MORSURES

Si vous avez déjà fait de l'**urticaire** (voir p. 20) ou si vous avez eu d'autres symptômes – comme de l'enflure autour de la figure, des difficultés à respirer, des nausées ou des diarrhées – après une piqûre ou une morsure d'insecte, consultez votre médecin. Les réactions ont tendance à être de plus en plus fortes chaque fois.

L'eczéma

L'ECZÉMA ATOPIQUE COMMENCE GÉNÉRALEMENT PENDANT LA PETITE ENFANCE ET DISPARAÎT SOUVENT AU COURS DE L'ENFANCE, MAIS PEUT PERSISTER CHEZ L'ADULTE. LE QUALIFICATIF ATOPIQUE INDIQUE QUE L'ECZÉMA EST LE RÉSULTAT D'UNE PRÉDISPOSITION HÉRÉDITAIRE AUX ALLERGIES ; DES PARENTS PROCHES SOUFFRENT SOUVENT D'ECZÉMA, D'ASTHME OU D'AUTRES ALLERGIES. LE TERME ECZÉMA SIGNIFIE PEAU SÈCHE, ATTEINTE D'INFLAMMATION QUI CRÉE DES DÉMANGEAISONS.

La plupart des adultes essaient de ne pas se gratter aux endroits affectés, mais le font fréquemment pendant leur sommeil, ce qui fait suinter la peau et cause de l'infection. En cicatrisant, la peau démange encore et l'on recommence à se gratter. La démangeaison qui amène à se gratter et la cicatrisation forment un cycle qui produit un épaississement de la peau. Il se produit aussi des modifications de la pigmentation qui laissent des plaques de peau anormalement sombres ou pâles. Même si l'eczéma commence habituellement pendant la petite enfance, il refait occasionnellement surface pendant la vie adulte. Cependant, la majorité des enfants que l'eczéma affecte en sont libérés au moment où ils deviennent des adultes, même si leur peau reste sèche et s'ils peuvent être prédisposés à la **dermatite allergique de contact** (p. 24).

La cause

Nous ne connaissons malheureusement pas la cause de l'eczéma qui peut commencer et disparaître sans raison évidente. Les résultats de recherches récentes semblent indiquer que, chez certaines personnes, l'eczéma peut être relié à une déficience en **acides gras essentiels** dans le régime (p. 110) ou à une capacité limitée à les transformer (voir encadré).

Attention !

Aucun enfant atteint d'eczéma ne doit entreprendre un mini-régime d'élimination pour vérifier s'il a une intolérance alimentaire, sauf s'il est sous la supervision directe d'un médecin qui connaît bien cette approche. Il arrive fréquemment que les enfants atteints d'eczéma grandissent lentement et il est important qu'ils ne soient pas mal nourris. De plus, certains enfants, surtout des garçons, ont, dans de rares cas, eu des réactions très importantes lorsque des aliments ont été réintroduits. C'est la raison pour laquelle les médecins conseillent souvent de procéder à ces tests à l'hôpital.

ACIDES GRAS ESSENTIELS

Les nutritionnistes parlent souvent d'huiles « essentielles ». Cela signifie qu'elles ne sont pas produites par le corps, mais qu'elles doivent être fournies par l'alimentation. Un manque de ces huiles – connues sous le nom d'acides gras essentiels – peut être la cause d'une sécheresse et d'une inflammation de la peau. Une peau saine a en effet besoin de beaucoup d'huile pour rester souple et imperméable. Même si le régime est adéquat, certaines personnes qui souffrent d'eczéma semblent avoir des difficultés à traiter une de ces huiles essentielles qu'on appelle acide gamma-linoléique. Les graines d'onagre sont une bonne source de cette huile et l'on a découvert que des suppléments d'huile d'onagre comblent cette déficience chez certaines personnes lorsqu'elles les prennent régulièrement ; il sera sans doute nécessaire de continuer ce traitement pendant quelques semaines avant de constater une amélioration.

FAITES-LE VOUS-MÊMES!

1 **Gardez la peau bien humide et fraîche** pour réduire les démangeaisons et le risque d'infection (**remèdes maison,** p. 20). Des préparations riches en acides gras essentiels (voir ci-contre) peuvent aussi calmer, mais elles ne se conservent pas longtemps et rancissent rapidement. Lorsque c'est nécessaire, utilisez des crèmes de stéroïdes à faibles concentrations pour atténuer les symptômes.

2 Évitez les **irritants de la peau** (**remèdes maison,** p. 18).
Il est possible que vous deveniez plus sensibles à presque toutes les crèmes ou onguents, arrêtez donc de vous servir de ceux qui semblent amplifier votre problème de peau. Votre pharmacien pourra vous suggérer d'autres solutions.

3 Demandez à votre médecin de faire des tests cutanés ou sanguins pour confirmer ou exclure des allergies aux acariens, aux pollens et aux animaux domestiques. Il arrive que ces types d'allergies surviennent lorsqu'il y a contact avec la peau déjà endommagée par l'eczéma. Si ces tests sont positifs, il faut prendre des mesures pour éviter ces allergènes (voir p. 136, **tests d'allergie,** p. 19, les **acariens,** p. 27 et 28, les **pollens,** p. 14, les **animaux domestiques,** p. 137, la **désensibilisation**).

4 Pendant quelques semaines, évitez les aliments qui contiennent ou dégagent de l'histamine ; en effet, il est possible que vous souffriez d'une « **fausse allergie alimentaire** » (p. 73). Si vous constatez une amélioration de votre peau, l'exclusion de ces allergènes vous apportera peut-être un soulagement, surtout lorsque votre peau est particulièrement irritée.

5 Les adolescents et les adultes devraient vérifier s'ils souffrent de **dermatite allergique de contact** (p. 24) plutôt que d'eczéma.

6 Assurez-vous d'avoir un régime sain qui contient des quantités suffisantes d'**acides gras essentiels** (p. 110) et songez à manger des suppléments d'onagre pendant quelques semaines pour vérifier si votre peau s'améliore. Pour la posologie, suivez les indications du fabricant.

7 Songez à possibilité que vous souffriez d'une intolérance alimentaire. On ne sait pas dans quelle mesure les aliments peuvent causer de l'eczéma, mais certaines personnes réagissent très vivement lorsque les aliments auxquels elles sont intolérantes sont retirés de leur régime. Si vous désirez faire l'essai de cette approche, commencez un **mini-régime d'élimination** (p. 58).

8 Parmi les diverses thérapies, on trouve la **gestion du stress** (p. 122), l'**aromathérapie** (p. 149) et l'**hypnothérapie** (p. 151). L'**homéopathie** peut quelquefois contribuer au soulagement de l'eczéma, mais elle peut aussi l'aggraver de manière importante. Vous devriez donc toujours consulter un praticien de l'homéopathie, de préférence un spécialiste qui est aussi médecin (p. 146).

LES REMÈDES MAISON

Sans être allergènes, certaines substances peuvent irriter la peau et, pour certaines personnes qui souffrent d'eczéma, l'élimination de ces substances peut réduire l'inflammation efficacement. Voici quelques exemples de mesures très simples que vous pouvez prendre pour protéger votre peau :

- **Utilisez des émollients** (comme une crème hydratante), plutôt que du savon. Si vous hésitez, votre médecin ou votre pharmacien vous conseillera le produit que vous devriez utiliser.
- **Munissez-vous d'un adoucisseur d'eau** si vous habitez une région où l'eau est dure et si votre eczéma s'atténue lorsque vous visitez une région où l'eau est douce.
- **Prenez des bains de courte durée** (15 min au maximum) d'eau chaude (pas brûlante) en utilisant un émollient comme une crème hydratante ou une poignée de farine d'avoine dans une pochette attachée sous le robinet d'eau chaude pour que l'eau passe à travers tout en remplissant la baignoire. Enveloppez-vous ensuite dans une serviette sèche sans frotter et appliquez immédiatement de la crème hydratante ou un émollient, même si la peau n'est pas complètement sèche.
- **Portez des vêtements 100 % coton** près de la peau, car la laine et les fibres artificielles peuvent être des irritants. Les vêtements, les serviettes et la literie devraient tous être lavés avec du savon non irritant ou des poudres à laver non biologiques.
- **Gardez vos ongles courts** et propres, cela vous aidera à réduire les dommages à la peau et évitera les infections si vous vous grattez pendant la nuit.
- **Restez au frais** (p. 20).
- **Évitez de fumer** et les endroits où l'on fume.

Combattre les acariens

LES MATIÈRES FÉCALES DES ACARIENS SONT RESPONSABLES DE PLUSIEURS TYPES D'ALLERGIES (COMME L'ECZÉMA, L'ASTHME ET LA RHINITE). LES ACARIENS EUX-MÊMES MANGENT DES PARTICULES DE PEAU HUMAINE ET SE CACHENT DANS DES ENDROITS CHAUDS ET HUMIDES COMME LES MEUBLES RECOUVERTS DE TISSU. EN RÉDUIRE SUFFISAMMENT LE NOMBRE POUR ÉVITER LES ALLERGIES EXIGE DES EFFORTS CONSIDÉRABLES, IL EST DONC PRÉFÉRABLE DE VOUS ASSURER D'ABORD QUE CE SONT LES RESPONSABLES DE VOS SYMPTÔMES EN DEMANDANT À VOTRE MÉDECIN D'EFFECTUER LES TESTS D'ALLERGIE APPROPRIÉS.

Pour vous débarrasser des acariens, essayez de prendre les mesures ci-dessous. Il est souvent préférable de commencer par votre chambre, puisque vous y passez de nombreuses heures :

· **Réduisez le taux d'humidité** en aérant bien votre maison et en dormant la fenêtre ouverte (voir aussi p. 27). Ces mesures peuvent être aussi efficaces que de vous débarrasser de vos tapis (voir ci-dessous).

· **Aérez la literie** tous les jours devant une fenêtre ouverte ou étendez les couvertures et les duvets sur une corde à linge, surtout pendant les journées d'hiver où l'air est froid et vif. Utilisez des housses à l'épreuve des acariens sur les oreillers et le matelas.

· **Choisissez une literie lavable** à l'eau très chaude – 55 à 60 °C (130 à 140 °F) – et lavez-la régulièrement pour éviter que les particules de peau s'y accumulent. Les enfants qui sont affectés par les acariens et qui dorment dans des lits superposés doivent dormir dans le lit supérieur.

· **Passez souvent l'aspirateur** en utilisant soit un aspirateur muni d'un filtre fin, soit un aspirateur dont l'air rejeté traverse de l'eau.

· **Évitez les meubles rembourrés,** remplacez les rideaux par des stores et les tapis par des planchers lisses comme le liège, le linoléum ou le vinyle. Pour ajouter au confort, utilisez des carpettes à poil ras qui peuvent être souvent lavées à l'eau très chaude.

· **Époussetez avec un chiffon humide,** rincez-le au robinet et faites-le sécher dehors. Évitez les amoncellements où la poussière s'accumule. Une fois par semaine, congelez les jouets en tissu pendant la nuit et, si possible, lavez-les à l'eau très chaude.

· **Les jeunes enfants affectés par les allergies** qui marchent encore à quatre pattes devraient porter des vêtements protecteurs en coton qu'on peut laver souvent.

· **Le nettoyage à la vapeur** tue les acariens de manière très efficace. Des vaporisateurs conçus pour se débarrasser des acariens sont offerts sur le marché, mais ils ne sont pas toujours très efficaces et ils peuvent aussi entraîner des réactions chez certaines personnes.

L'urticaire

LITTÉRALEMENT, LE MOT URTICAIRE SIGNIFIE IRRITATION CAUSÉE PAR LES ORTIES ; C'EST UNE BONNE DESCRIPTION, PUISQUE LA PEAU RÉAGIT DE LA MÊME MANIÈRE QUE LORSQU'ON EST PIQUÉ PAR DES ORTIES : DES BOUTONS ROUGES SE FORMENT ET PRODUISENT DES DÉMANGEAISONS. CEPENDANT, L'URTICAIRE PEUT CRÉER AUSSI DES ROUGEURS ET DES ENFLURES QUI COUVRENT DES ÉTENDUES DE PEAU BEAUCOUP PLUS GRANDES.

L'urticaire amène les personnes à se plaindre de vives démangeaisons et, si vous avez des rougeurs et des enflures plus étendues, c'est aussi très douloureux. Lorsque l'urticaire s'attaque à des régions près de la bouche et de la gorge, la personne fait souvent une réaction à des aliments et elle peut alors avoir de la difficulté à respirer. Dans ces cas, on appelle souvent l'urticaire maladie de Quinck.

LES REMÈDES MAISON

Si vous souffrez d'urticaire, il est important d'essayer de garder votre peau fraîche pour réduire les démangeaisons. Pour vous soulager, mettez en pratique certaines des suggestions suivantes :

- **Ne vous exposez pas au soleil** et évitez les pièces trop chaudes.
- **Portez des vêtements de coton** et utilisez des draps de coton lorsqu'ils touchent directement votre peau.
- **Appliquez des glaçons** ou de la glace enveloppée dans un tissu de coton humide sur les régions affectées pendant 5 à 10 min (pas plus longtemps pour éviter des engelures) et utilisez ensuite une lotion à la calamine ou une pâte d'oxyde de zinc (vendue en pharmacie).
- **Prenez un bain frais et apaisant** et ajoutez quelques gouttes d'une huile à laquelle votre peau ne réagit pas ou encore de la farine d'avoine, de la levure ou de la farine de maïs. Évitez le savon. Enveloppez-vous dans une serviette, pour vous sécher, évitez de vous frotter et appliquez ensuite de la crème hydratante ou un autre hydratant non parfumé, même si votre peau n'est pas complètement sèche.

- **Les homéopathes** utilisent plusieurs médicaments dont Apis mellifica, Urtica urens, Natrum muriaticum et Dulcamara. Prenez une dose de 6CH toutes les 30 min et ralentissez la fréquence à mesure que le soulagement se fait sentir. Si vous n'êtes pas soulagés après six doses, vous devriez changer de médicament (voir aussi p. 116).
- **Les plantes médicinales** appropriées sont les onguents de souci, de mouron et d'aloès pour la peau irritée, sèche ou qui démange ainsi qu'une lotion de camomille pour soulager l'inflammation. Mais rappelez-vous qu'il est possible que vous soyez allergiques ou sensibles aux plantes elles-mêmes ou à d'autres composants d'une préparation commerciale.
- **La médecine chinoise** recommande des aliments rafraîchissants comme les graines de tournesol, les aubergines, la laitue et le tofu, mais consultez toujours votre médecin avant de prendre des plantes médicinales chinoises.
- **Les naturopathes** suggèrent de manger beaucoup d'aliments crus et excluent les aliments sucrés comme le miel et les fruits séchés.

FAITES-LE VOUS-MÊMES !

1 Si vous êtes certains que vous faites de l'urticaire, prenez un antihistaminique (prescrit par votre médecin) et/ou utilisez un ou plusieurs des remèdes maison (voir l'encadré ci-contre). Si vos symptômes persistent pendant plus de deux semaines ou si vous souffrez d'autres symptômes comme une respiration sifflante, si vous avez mal aux articulations ou si vous faites de la fièvre, consultez votre médecin. Si votre figure, vos lèvres, votre langue ou votre gorge enflent, prenez, si vous en avez, un antihistaminique et demandez une aide médicale immédiate (voir aussi **anaphylaxie**, p. 13).

2 Identifiez la cause et, si possible, évitez-la. Parmi les causes courantes, on trouve :
- Une infection récente : l'urticaire disparaîtra dès qu'elle sera guérie.
- Un médicament que vous avez commencé à prendre récemment : arrêtez de le prendre et consultez votre médecin.
- Un aliment que vous avez mangé ou une boisson que vous avez bue au cours des 24 h précédant la crise.
- Une piqûre ou une morsure d'un insecte ou d'un animal comme une méduse.
- Un contact récent avec la sève d'une plante.
- Une exposition au soleil, à une lampe solaire, à une chaleur ou à un froid extrême.
- Un bouleversement émotif.

3 Renforcez votre système immunitaire en améliorant votre régime alimentaire (p. 106-113) et en **réduisant le stress** (p. 122).

4 Songez à suivre une **diète faible en salicylates** (p. 72) ou à éviter des aliments qui contiennent ou diffusent de l'**histamine** (p. 73) ou qui contiennent d'autres **additifs** (p. 38).

Les causes

Une crise d'urticaire se produit lorsque des cellules spécialisées, appelées mastocytes diffusent, à la suite d'une exposition à un allergène, des produits chimiques puissants dont l'histamine. Il est difficile d'identifier l'allergène responsable d'un cas particulier.

Même si la crise d'urticaire est souvent brève, certaines personnes n'ont pas de chance et ont une forme chronique d'urticaire qui va et vient pendant des mois ou même des années. Ces crises peuvent être déclenchées par une **allergie alimentaire** ou une **intolérance** (p. 10) à des substances chimiques spécifiques que contiennent des aliments comme les **salicylates** (p. 72), l'**histamine** (p. 73) ou, occasionnellement des **infections de *Candida*** récurrentes (p. 44).

Les allergies buccales

Deux types d'allergies peuvent affecter la bouche. La première, similaire à l'urticaire, est le syndrome de l'allergie buccale. La seconde, la stomatite allergique de contact, est une maladie très semblable à la dermatite allergique de contact.

Le syndrome de l'allergie buccale

Les symptômes, généralement légers au début, sont, entre autres, des démangeaisons et un picotement des lèvres, de la bouche et de la gorge suivis de la formation de cloques et d'une enflure de la bouche et de la gorge.

Les causes

Les symptômes se manifestent habituellement dans les 30 min après l'ingestion de légumes ou de fruits crus. La première fois, un ou deux aliments seulement provoquent ces réactions, mais la sensibilité peut s'étendre à d'autres aliments, soit de la même famille botanique (p. 76-79), soit d'autres familles (p. 130). Ce syndrome n'est pas courant et, même si presque toutes les personnes qui en sont atteintes ont une allergie au pollen, très peu de personnes ayant une allergie au pollen sont atteintes de ce syndrome.

DES MALADIES SIMILAIRES

« La bouche de l'ananas » est une maladie provoquée par un irritant chimique contenu dans l'ananas et qui produit des brûlures et des rougeurs sur les lèvres et la peau qui les entoure.

« La bouche des agrumes » produit des symptômes similaires causés par le contact avec le limonène, une huile que contiennent les agrumes, l'aneth, le carvi et le céleri.

Divers aliments peuvent causer des allergies alimentaires, dont le poisson, les arachides et certains médicaments comme l'aspirine. Les allergies alimentaires affectent aussi d'autres parties du corps que les lèvres, la bouche et la gorge.

FAITES-LE VOUS-MÊMES !

Si vous manifestez certains symptômes du syndrome de l'allergie buccale, cessez d'avaler les aliments que vous êtes en train de manger et appelez tout de suite les soins médicaux d'urgence. Votre médecin pourra confirmer le diagnostic en faisant des tests cutanés et sanguins. Une récurrence des symptômes peut habituellement être évitée en cuisant les aliments responsables de l'allergie, mais cela ne s'applique pas aux carottes. La cuisson change la nature de la molécule à laquelle le corps réagit. Des **conseils médicaux personnels** sont cependant indispensables (p. 136 et 137).

La stomatite allergique de contact

Si vous êtes affectés par cette maladie, votre médecin ou votre dentiste verront peu de changements, mais les symptômes peuvent être désagréables : une douleur, un engourdissement, une sensation de brûlure et la perte du goût. Contrairement à la dermatite allergique de contact qui peut s'étendre à d'autres parties du corps (p. 24), les effets de la stomatite allergique de contact se restreignent à la bouche seulement, là où il y a eu un contact physique. Heureusement, cette maladie est rare, puisque chez la plupart des personnes, la salive dilue les allergènes et les entraîne avec elle.

Les causes

Parmi les allergènes qui peuvent produire la stomatite allergique de contact, on trouve :

- le dentifrice et les teintures qu'il contient ;
- les rince-bouches ;
- les médicaments appliqués dans la bouche comme les pastilles pour la gorge et les ulcères de la bouche ;
- les plombages, les couronnes, les dentiers, etc. ;
- le rouge à lèvres ;
- le vernis à ongles, si vous vous rongez les ongles ;
- le nickel provenant des bijoux que vous pourriez porter à votre bouche ;
- certains aliments.

LES ULCÈRES BUCCAUX

L'infection virale est la cause la plus commune des ulcères buccaux, mais ils peuvent aussi constituer un problème si vous souffrez de déficiences en certains minéraux et vitamines : la maladie de Crohn, la colite ulcéreuse ou la maladie cœliaque. Si vous ne souffrez pas de ces maladies, mais si vous avez des poussées d'ulcères buccaux à répétition, vous trouverez peut-être un soulagement en modifiant votre régime. Chez certaines personnes, particulièrement chez celles qui sont prédisposées aux allergies, les ulcères buccaux semblent causés par une intolérance alimentaire. Le gluten semble en être le principal responsable, il vaut donc la peine d'exclure d'abord le blé, le seigle, l'orge, le maïs et l'avoine. Si vous avez toujours des ulcères, essayez de suivre le **régime** suggéré dans la deuxième section.

FAITES-LE VOUS-MÊMES !

1   Consultez votre médecin et/ou votre dentiste pour obtenir un bon diagnostic. Cette maladie est rare et plusieurs autres problèmes plus courants devront être exclus.

2   Essayez d'identifier la cause de votre stomatite allergique de contact et évitez-la ensuite. Dans certains cas, la **neutralisation** ou la **désensibilisation potentialisée par enzyme ou DPE** (p. 136) peut être utile.

La dermatite allergique de contact

La dermatite allergique de contact est une réaction allergique à une substance qui a été en contact direct avec la peau. Les molécules d'allergènes sont absorbées par le corps et agissent sur tout le système immunitaire. La dermatite peut donc s'étendre si l'on touche encore la substance originale. Il est également possible que vous constatiez que la dermatite affecte aussi d'autres régions de la peau.

Les causes

La dermatite allergique de contact peut survenir à tout âge, de la petite enfance à un âge plus avancé, mais elle est plus courante chez les jeunes adultes. La maladie peut se déclencher assez soudainement en réaction à presque n'importe quelle substance. Il peut même arriver que vous ayez une réaction à une substance qui a été antérieurement en contact avec votre peau pendant des années sans causer de problèmes. C'est la raison pour laquelle il peut être extrêmement difficile d'identifier la cause de cette affection. Certains produits pouvant causer cette maladie sont bien connus, et parmi ceux-ci se trouvent le nickel, le parfum, les teintures de cheveux, la lotion après-rasage et les cosmétiques.

Il est tout aussi difficile de poser un diagnostic précis de cette maladie parce que la peau peut être semblable à celle qui est affectée par une dermatite irritante. Dans ce cas, il s'agit d'une irritation locale de la peau causée par le contact avec la peau de substances comme le savon, le détergent, le poli, l'eau de Javel ou même, quelquefois, des aliments crus.

LES REMÈDES MAISON

Le traitement des allergies est parfois difficile et il est souvent préférable de faire de la prévention, plutôt que d'essayer de les guérir. Si vous avez la peau sensible ou si vous avez, auparavant, fait de l'eczéma, essayez de réduire le risque de développer d'autres réactions allergiques en suivant un bon programme de soins de la peau :

- **Évitez les expositions au soleil** et choisissez les crèmes solaires avec soin parce qu'elles contiennent souvent des parfums et d'autres substances qui provoquent des réactions. Testez toujours la lotion sur une petite surface avant de l'appliquer sur une plus grande surface de peau (voir encadré, p. 25).
- **Ne laissez pas votre peau s'assécher.** L'exposition à l'eau lui enlève ses huiles protectrices, donc, prenez des douches et des bains courts et seulement lorsque c'est nécessaire. Asséchez votre peau sans la frotter et utilisez généreusement les crèmes hydratantes hypoallergéniques et les émollients, surtout lorsque l'air est sec à cause de la chaleur ou du froid ou si vous avez passé un certain temps dans une pièce climatisée.
- **Utilisez un savon doux et acide** pour protéger la légère acidité naturelle de votre peau ou rincez en utilisant une solution diluée de vinaigre – 60 ml (¼ tasse) pour 1,2 litre (4 ¾ tasses) d'eau.
- **Suivez un régime sain** (p. 106-113) et réduisez le stress que vous vivez (p. 122).
- **Consultez toujours votre médecin** si votre peau fait une réaction allergique, particulièrement à un médicament, ou, si vous devez subir une opération, au latex ou au métal.

DES CAUSES COURANTES DE LA DERMATITE ALLERGIQUE DE CONTACT SONT DES RÉACTIONS AUX COSMÉTIQUES, MÊME À CEUX QUE VOUS UTILISEZ SANS PROBLÈME DEPUIS DES ANNÉES.

FAITES-LE VOUS-MÊMES !

1 Consultez votre médecin pour obtenir un diagnostic précis. De brefs traitements de crèmes stéroïdes permettront de contrôler une crise aiguë et de l'empêcher de s'étendre.

2 À long terme, le traitement de base consiste à éviter l'allergène parce que l'allergie ne disparaît habituellement pas, c'est pour cette raison que l'allergène doit être identifié. Pour ce faire, on fait généralement des tests sur la peau à l'aide de timbres transdermiques.

Puisqu'il y a de nombreux allergènes possibles, il faudra peut-être faire vos tests en créant vous-mêmes vos timbres transdermiques. Collez alors sur votre peau des substances suspectes, comme un morceau de tissu ou une feuille, à l'aide de sparadraps (diachylons) adhésifs hypoallergéniques. Cependant, il ne faut pas utiliser ce procédé avec une substance chimique forte ou lorsque votre peau est rouge ou irritée ou encore si vous avez des lésions. N'appliquez pas de timbre transdermique à un petit enfant sans d'abord discuter de cette approche avec votre médecin. Si l'endroit où le timbre est appliqué commence à piquer, enlevez le timbre, puisque le test se révèle alors positif. Autrement, attendez 48 h et examinez la peau ; si la région où il est appliqué est enflée ou rouge, le test est positif. Si le test est négatif, remplacez le sparadrap et vérifiez encore s'il y a réaction, 48 h plus tard. Pour les liquides comme les parfums ou les huiles d'aromathérapie, mettez-en un peu derrière votre oreille et ne lavez pas cette région pendant 48 h. Si la peau devient rouge ou vous démange, le test est positif. Si votre peau est sensible, utilisez une de ces méthodes avant de passer à un autre produit comme la laque pour les cheveux, les cosmétiques, la teinture à cheveux, l'huile d'aromathérapie, etc.

3 La désensibilisation **homéopathique** ou la **neutralisation** peut être utilisée si la cause est connue (p. 117 et p. 136).

Les allergies oculaires

LES ALLERGIES OCULAIRES AFFECTENT LA PEAU DES PAUPIÈRES ET LE TOUR DES YEUX AINSI QUE LA CONJONCTIVE – LA MEMBRANE QUI TAPISSE LES SURFACES INTERNES DE LA PAUPIÈRE ET QUI RECOUVRE LA PARTIE BLANCHE DE L'ŒIL. IL EST PROBABLE QUE LES DEUX SERONT EN CONTACT AVEC L'ALLERGÈNE.

Les allergies oculaires

Lorsqu'une conjonctivite allergique se manifeste, les yeux semblent injectés de sang, les larmes coulent, les paupières supérieures et inférieures sont douloureuses et enflées, les yeux démangent ou brûlent. Habituellement, les deux yeux sont affectés simultanément et, presque toujours, une **rhinite allergique** (p. 28) se produit en même temps.

Les causes

Il peut y avoir de nombreux déclencheurs d'une poussée de symptômes allergiques oculaires, parmi ceux-ci :

- Les allergènes en suspension dans l'air comme les **pollens** (voir ci-contre), les **acariens** et leurs excréments (p. 19), les spores de **moisissure** (voir ci-contre) les **squames** et les **plumes des animaux** (p. 14), les **aérosols domestiques** et les **substances chimiques** (p. 126).
- Les allergènes de contact comme les cosmétiques, les verres de contact ainsi que leur solution de nettoyage et d'entreposage, les mouchoirs de papier, les adhésifs utilisés pour coller les faux cils et le nickel dans les recourbe-cils.
- Les allergènes dans les aliments ingérés, même si ceux-ci provoquent toujours, simultanément, d'autres symptômes dans le corps.

FAITES-LE VOUS-MÊMES !

1 Consultez un médecin, sauf si vous êtes certains du diagnostic. Dans les cas graves, votre médecin peut vous prescrire des gouttes de stéroïdes dont l'utilisation nécessite un contrôle médical très suivi. Les gouttes d'antihistaminique sont plus sûres, mais il est possible que vous commenciez à réagir aux composants des gouttes ophtalmiques. Il est aussi possible de prendre des antihistaminiques par la bouche et/ou des **remèdes homéopathiques** (p. 116).

2 Identifiez vos allergènes et évitez-les le plus possible. Il s'agit parfois de choses évidentes. Par exemple, les symptômes peuvent survenir après l'utilisation d'un nouveau produit de maquillage pour les yeux. Il est aussi possible que les symptômes soient saisonniers et qu'ils soient causés, par exemple, par le pollen des graminées. Si la cause de vos allergies n'est pas évidente, vous devrez peut-être faire des tests avec des **timbres transdermiques** (p. 25) ou demander à votre médecin de faire des **tests d'allergie par piqûre** (p. 136). En dernier recours, la **désensibilisation homéopathique** (p. 117) ou la **neutralisation** (p. 136) font aussi partie des possibilités à considérer.

Combattre les pollens et les moisissures

VOUS POUVEZ SOUVENT CALMER, SINON ÉLIMINER LES SYMPTÔMES DE LA CONJONCTIVITE ALLERGIQUE ET DE LA RHINITE EN PRENANT DES MESURES SIMPLES POUR ÉVITER LES ALLERGÈNES RESPONSABLES COMME LES POLLENS ET LES SPORES DE MOISISSURE.

Les pollens sont en suspension dans l'air de la fin de l'hiver à la fin de l'automne. Si vos symptômes sont saisonniers, il faudrait identifier quels pollens sont en suspension dans votre région pendant la période où vous êtes affectés (p. 27 et 28).

De plus :

- **Gardez vos fenêtres fermées** et utilisez des filtres à air dans votre maison, à votre lieu de travail et dans votre voiture.

- **Lorsque vous sortez, portez des lunettes de soleil enveloppantes** pour protéger vos yeux ainsi qu'un foulard sur vos cheveux, votre nez et votre bouche. Évitez les plantes qui causent des problèmes et, pendant la saison du pollen des graminées, tenez compte des taux de pollen et des prévisions données par les médias.

- **Songez à aménager un jardin peu allergène** (p. 128).

- **Après une sortie dehors, enlevez le pollen** en rinçant vos cheveux, en changeant de vêtements et en lavant les animaux domestiques à fourrure qui sont sortis.

C'est de la fin de l'été à l'automne que les taux de concentration de spores de moisissure dans l'atmosphère sont les plus élevés ; ils diminuent ensuite de façon marquée après les premiers gels. Les moisissures peuvent cependant se développer pendant toute l'année dans des conditions chaudes et humides comme celles qu'on trouve dans nos maisons modernes hermétiquement fermées et dotées d'un chauffage central. Vous pouvez réduire les contacts avec les moisissures en :

- **aérant votre maison quotidiennement,** en utilisant des ventilateurs extracteurs d'air dans la cuisine et la salle de bains et en couvrant les chaudrons où de l'eau bout. Si nécessaire, utilisez aussi un déshumidificateur ;

- **séchant vos vêtements à l'extérieur.** Si vous utilisez un sèche-linge, utilisez un ventilateur qui envoie l'air chaud dehors ;

- **nettoyant régulièrement les joints des portes du réfrigérateur** et en jetant les aliments périmés ;

- **mettant une couche de sable pour couvrir la terre** des plantes en pots et en les arrosant par le dessous ;

- **enlevant la moisissure sur les rideaux de douche,** les carreaux et autour des châssis des fenêtres. Utilisez une solution de bicarbonate de soude ou de borax (1 c. à dessert dans un bol d'eau chaude) ;

- **empêchant l'humidité de pénétrer dans votre maison** par les gouttières percées, par exemple ;

- **évitant, à l'extérieur, les endroits où le taux d'humidité est élevé** – près des arbres à feuilles caduques par température humide, près des feuilles récemment ratissées et près des tas de compost récemment retourné. Évitez aussi la campagne pendant la saison des récoltes et pendant le labour du printemps ainsi que tous les endroits où l'on annonce un orage. Les animaux domestiques sont aussi porteurs de moisissures (p. 14).

POUR UN SOULAGEMENT RAPIDE

Aspergez votre figure d'eau ou couvrez-la d'un linge de coton humide.

Les allergies nasales

LA RHINITE ALLERGIQUE EST LE TERME MÉDICAL UTILISÉ POUR DÉCRIRE UNE INFLAMMATION DE LA MUQUEUSE DU NEZ CAUSÉE PAR UNE ALLERGIE, PLUTÔT QUE PAR UNE INFECTION COMME UN RHUME.

Parmi les symptômes de la rhinite allergique, on trouve l'écoulement nasal et des éternuements qui se produisent souvent à répétition. Le nez, la voûte du palais et quelquefois les oreilles démangent. Lorsque le nez ne coule pas, il est possible que vous ayez l'impression qu'il est bouché parce que les muqueuses sont enflées. La **conjonctivite allergique** apparaît souvent en même temps (p. 26).

Il vous faut différencier la rhinite allergique et le type non allergique qui peut se produire lorsque vous mangez des mets épicés, lorsque vous absorbez de la caféine ou lorsque vous êtes exposés à des substances chimiques irritantes comme la fumée de tabac et les parfums. Le nez qui coule est un effet secondaire de plusieurs médicaments, donc, si vos symptômes apparaissent immédiatement après avoir commencé à prendre de nouveaux médicaments, vous devriez consulter votre médecin.

LES REMÈDES MAISON

Si vous savez que les pollens sont la cause de votre rhinite, il peut être très efficace d'enduire l'intérieur de votre nez de vaseline. Ce remède est efficace parce que les grains de pollen se divisent et libèrent leur contenu irritant sur une surface aqueuse, mais ne le libèrent pas sur une surface grasse. Assurez-vous de remettre de la vaseline après vous être mouchés.

Les aliments que vous mangez pendant la saison du pollen peuvent augmenter votre sensibilité parce que les allergènes du pollen sont similaires à ceux qu'on trouve dans certains aliments. La plupart des gens découvrent qu'ils peuvent, sans difficulté, manger ces aliments à problèmes à d'autres périodes de l'année. Si vos symptômes s'apaisent après avoir évité les aliments de la liste ci-dessous, il vaut la peine de réintroduire chacun de ces aliments séparément (pour des conseils à ce sujet, voir p. 98-101), puisque vous pourriez découvrir que vous n'avez pas à les éviter tous.

Si vous réagissez aux pollens des arbres dont les symptômes apparaissent à compter du milieu de l'hiver et plus tard, évitez :

- les noisettes, les carottes, le céleri, le panais, le rutabaga, les pommes de terre (incluant les pommes de terre avec la pelure).

Si vous réagissez aux pollens des herbacées et des céréales – dont les symptômes apparaissent au début de l'été – évitez :

- le lait (de vache, de brebis et de chèvre) et tous les produits laitiers, incluant le fromage et le yogourt ;
- les céréales apparentées : le blé, l'orge, le seigle, le maïs et le riz sauvage ;
- d'autres aliments : toutes les fèves et les lentilles, incluant les arachides, le soya et les produits dérivés du soya, la réglisse, le tapioca et le séné (qui peut être un composant des médicaments). Pour d'autres **réactions croisées,** voir p. 130.

BRÛLER DES HUILES AROMATIQUES PEUT SOULAGER LES SYMPTÔMES DE RHINITE ALLERGIQUE.

FAITES-LE VOUS-MÊMES !

1 Les traitements, qui peuvent être soit conventionnels, soit homéopathiques, devraient commencer aussitôt que le symptôme apparaît et devraient inclure :
- des antihistaminiques administrés par la bouche ;
- des pulvérisateurs nasaux de stéroïdes. Ces médicaments sont sûrs et habituellement très efficaces lorsqu'on les utilise quotidiennement, même si cela demande parfois jusqu'à deux semaines avant que les symptômes s'apaisent ;
- des injections intramusculaires de stéroïdes (généralement utilisées seulement dans les cas graves qui ne réagissent pas aux remèdes ci-dessus) ;
- **les médicaments homéopathiques** (p. 117).

Attention : Évitez les décongestionnants nasaux qui peuvent être la cause d'enflures et d'un écoulement nasal, ce qui rend l'arrêt de leur utilisation presque impossible ; cependant, l'utilisation de pulvérisateurs nasaux de stéroïdes pendant une ou deux semaines peut être efficace. Réduisez l'utilisation du décongestionnant, en le pulvérisant dans une narine à la fois, avant d'arrêter complètement de vous en servir. Pendant cette période, attendez-vous à un inconfort qui durera quelques jours.

2 Essayez d'identifier vos allergènes et de les éviter (voir aussi **pollens et moisissures,** p. 27), ou songez à une **désensibilisation homéopathique** (p. 117) ou à une **neutralisation** (p. 136).

3 Envisagez plusieurs choix de diète spécifique. Si les pollens sont la cause de vos symptômes, songez, soit aux remèdes maison (voir ci-contre), soit à une **diète faible en salicylates** (p. 72) qui peut vous aider surtout si vous avez eu des polypes nasaux et/ou si vous excluez d'autres **additifs** (p. 38).

4 Parmi les médecines douces qui peuvent soulager vos symptômes, vous pouvez essayer l'**homéopathie** (p. 146) et l'**aromathérapie** (p. 149).

Les causes
- Les allergènes diffusés dans l'air comme le **pollen** de tous les types (p. 27), les **acariens** et leurs matières fécales (p. 19), les **spores de moisissure** (p. 27), les **squames** et les **plumes** des animaux (p. 14) et les **pulvérisateurs domestiques** (p. 126).
- Des allergènes comme les graines et leurs farines, la poussière de bois, le plastique, les résines d'époxy et le latex (caoutchouc).
- Des allergènes dans les aliments et les **additifs alimentaires** (p. 38). Soyez conscients que les allergènes ingérés entraîneront toujours simultanément d'autres symptômes ailleurs.

L'asthme

LE MOT ASTHME EST D'ORIGINE GRECQUE ET SIGNIFIE « RESPIRER DIFFICILEMENT », CE QUI CONSTITUE LE SYMPTÔME LE PLUS IMPORTANT DE CETTE MALADIE.

Lorsqu'une personne souffre d'asthme, ce sont les allergènes inhalés ou les changements de la température de l'air qui font enfler les membranes qui tapissent les voies respiratoires et leur font produire du mucus. Cela provoque des spasmes des petits muscles des parois des voies respiratoires. Chacun de ces changements entraîne un rétrécissement des voies respiratoires, ce qui restreint donc le passage de l'air. La personne affectée a le souffle coupé, une respiration sifflante, tousse et sa poitrine est oppressée.

Les causes

Les causes sous-jacentes sont indéterminées, mais nous savons que l'asthme se propage dans les familles, particulièrement chez celles qui sont sujettes à d'autres maladies allergiques. Les enfants de faible poids à la naissance et ceux qui sont surexposés à des **allergènes pendant les premières années de leur vie** ont plus de risques de faire de l'asthme, surtout si leurs parents fument (p. 131).

Si vous avez une prédisposition à l'asthme, cette maladie peut être provoquée par une exposition à des déclencheurs allergènes ou non allergènes. On trouve, parmi les déclencheurs allergènes :

- Les allergènes inhalés comme les matières fécales des **acariens** (p. 19), les **pollens** et les spores de **moisissure** (p. 27), les **squames** et les **plumes** des animaux (p. 14).
- Des aliments et boissons, des **additifs alimentaires** (p. 38) et certains médicaments incluant l'**aspirine, ses dérivés** (p. 72) et les bêtabloquants (utilisés pour traiter l'hypertension).
- Les endroits enfumés : les résultats d'une enquête ont démontré que 7 enfants sur 10 ont dit que la fumée de cigarette aggravait leur asthme.
- Les **allergènes professionnels** (p. 48 et 126).

LES DÉCLENCHEURS NON ALLERGÈNES INCLUENT

- L'exercice.
- Les changements de température, surtout le passage d'une maison chaude à l'air froid.
- Le stress émotif.
- Les hormones : de nombreuses femmes sont davantage sujettes à l'asthme immédiatement avant leurs règles

LES REMÈDES MAISON

La méthode Buteyko, mise au point par Konstantin Buteyko dans les années 50, peut être enseignée par un praticien, mais si vous n'y avez pas accès, essayez les exercices suivants :

- Asseyez-vous confortablement sur une chaise droite. Inspirez, puis expirez et bouchez votre nez en le pinçant. Arrêtez de respirer aussi longtemps que vous le pouvez. Essayez de faire cet exercice quatre fois par jour et prenez l'habitude de cesser de respirer pendant longtemps, puis de respirer profondément pendant 3 min, pour ensuite faire deux pauses de moyenne durée.
- Si possible, respirez toujours par le nez et essayez d'éviter d'avaler de l'air.
- Ne vous étendez pas, sauf pour dormir, et essayez de rester droits lorsque vous êtes assis.

Des plantes médicinales peuvent aussi soulager l'asthme, mais évitez les inhalations de vapeur, puisqu'elles peuvent précipiter une crise d'asthme. Vous pourriez essayer les plantes suivantes :

La **camomille romaine :** ajoutez 2 ou 3 gouttes de l'huile essentielle dans une soucoupe d'eau chaude et, la nuit, placez-la dans votre chambre.

L'**eucalyptus :** mettez quelques gouttes de l'huile essentielle sur votre oreiller ou ajoutez-en quelques gouttes dans 1 à 25 ml à de l'huile utilisée comme excipient et frottez votre poitrine.

L'**aloès,** pris par la bouche, peut soulager l'asthme. Selon les résultats d'une recherche, 1 c. à café (1 c. à thé) ou une solution à 20 %, deux fois par jour pendant 6 mois, a soulagé l'asthme chez des personnes qui n'avaient pas besoin de stéroïdes.

Le **marrube blanc** en infusion, en teinture ou en sirop.

FAITES-LE VOUS-MÊMES !

1 Suivez bien les ordonnances. L'asthme est une maladie grave ; les thérapies conventionnelles permettent de contrôler très efficacement les symptômes de la plupart des personnes affectées et permettent aux enfants de grandir normalement. Avant de modifier votre médication ou de commencer un autre traitement, consultez toujours votre médecin.

2 Essayez d'identifier et, si possible, d'éviter ce qui déclenche vos symptômes. Les tests cutanés traditionnels ou les tests sanguins permettent généralement d'identifier les déclencheurs allergiques ; la **neutralisation** (p. 136) et la **désensibilisation homéopathique** (p. 117) peuvent contribuer à un soulagement.

3 Si nécessaire, **améliorez votre diète** (p. 106-113) et essayez de manger des aliments contenant du **magnésium** (p. 113). Cela contribue à détendre les muscles qui tapissent les voies aériennes.

4 Faites des **exercices de respiration** (p. 120 et 124) et/ou suivez la **méthode Buteyko** (p. 31) et faites régulièrement des **exercices** modérés (p. 118).

5 Songez à entreprendre une **diète faible en salicylates** (p. 72) – surtout si l'aspirine aggrave vos symptômes – et réduisez votre consommation d'**additifs alimentaires** (p. 38).

6 Même si les tests conventionnels sont négatifs, vous pouvez obtenir un soulagement en identifiant et en excluant les aliments auxquels vous êtes intolérants (étapes du **régime** de la section 2). Soyez cependant conscients que les asthmatiques ont parfois des réactions importantes lorsque certains aliments sont réintroduits. Il est donc alors essentiel de consulter un médecin.

7 Des **médecines douces** comme l'herborisme occidental, l'ostéopathie, la chiropratique, le yoga, l'acupuncture, l'homéopathie, l'hypnothérapie, l'aromathérapie, le training autogène et la rétroaction biologique (p. 140) peuvent vous être utiles.

Les symptômes génito-urinaires

LES PERSONNES QUI SOUFFRENT D'ALLERGIES MULTIPLES OU D'INTO-LÉRANCE ALIMENTAIRE OU DES DEUX DÉVELOPPENT SOUVENT DES SYMPTÔMES QUI AFFECTENT LA VESSIE ET L'APPAREIL GÉNITAL.

Les symptômes urinaires pour lesquels on ne trouve pas de cause bactérienne comme des maux de la vessie, une cystite récurrente et le fait d'uriner souvent sont parfois causés par une intolérance alimentaire. Des règles douloureuses ou irrégulières, les symptômes prémenstruels et, chez la femme plus âgée, des bouffées de chaleur, des sueurs et d'autres symptômes de la ménopause peuvent tous être des symptômes d'intolérance alimentaire. L'appareil génital peut aussi être enflé, douloureux et/ou démanger ; une femme peut aussi avoir des pertes vaginales après un contact avec un allergène. Les allergènes courants sont le savon, les gels de bain et autres additifs pour le bain, des antiseptiques ou autres produits pour la toilette, des traces de savon en poudre biologique qui restent après un lavage, les teintures des vêtements, le caoutchouc des condoms ou des diaphragmes et les composants des spermicides. Très rarement, une femme peut aussi réagir au sperme de son partenaire.

LA RÉTENTION D'EAU

Une soif excessive est un symptôme courant d'intolérance alimentaire. La soif peut amener à uriner fréquemment ou à faire de la rétention d'eau, symptômes qui s'aggravent lorsque vous mangez l'aliment responsable. Certains médecins pensent que l'intolérance alimentaire modifie la chimie du corps, ce qui entraîne la rétention d'eau. Les femmes peuvent avoir soif et faire de la rétention d'eau avant leurs règles ; c'est aussi un symptôme courant chez les **enfants hyperactifs** (p. 38) ainsi que chez leur père et chez des personnes qui ont une déficience en **acides gras essentiels** (p. 110).

FAITES-LE VOUS-MÊMES !

1 **Pour les symptômes qui affectent la vessie**
- Si vous avez des problèmes, consultez votre médecin pour obtenir des soins conventionnels.
- Si les tests sont négatifs, songez à suivre le **régime** de la deuxième section.

1 **Pour les problèmes gynécologiques**
- Suivez un régime vraiment sain pendant quelques mois (p. 106-113).
- Si vos symptômes ne disparaissent pas, il se peut que vous fassiez une intolérance alimentaire et que vous deviez songer à suivre le **régime** de la deuxième section.

1 **Pour les problèmes de l'appareil génital et les allergies**
Consultez votre médecin généraliste ou votre dermatologue pour établir un diagnostic et connaître la cause de votre problème.

2 S'il est impossible de cerner une cause, l'adoption d'un **régime sain** peut faire disparaître les symptômes (p. 106-113).

3 Si vous n'allez pas mieux après quelques mois, vous souhaiterez peut-être suivre le **régime** de la deuxième section.

Le syndrome du côlon irritable (SCI)

ENVIRON 70 % DES PERSONNES AUXQUELLES LE MÉDECIN A DIT QU'ELLES SOUFFRAIENT DU SYNDROME DU CÔLON IRRITABLE PEUVENT AMÉLIORER LEUR SITUATION OU ÉLIMINER LES SYMPTÔMES EN CHANGEANT LEUR DIÈTE.

FAITES-LE VOUS-MÊMES !

1 Consultez votre médecin pour qu'il puisse poser un diagnostic. Il prescrira des médicaments conventionnels lorsque les symptômes seront graves. Autant que possible, essayez d'éviter les antibiotiques parce que vous pourriez souffrir de **candidose** (p. 44).

2 Les changements de régime habituellement recommandés sont, entre autres, d'éviter la **caféine** (p. 73) et d'augmenter les **fibres** (p. 109) en mangeant davantage de fruits et légumes et en adoptant les céréales à grains entiers. Si vos symptômes s'aggravent quand vous augmentez la quantité de blé complet dans votre régime et quand vous prenez des suppléments de son, il est possible que vous soyez intolérants au blé. Pour vérifier cela, il vaut la peine d'**exclure complètement le blé** de votre régime pendant cinq ou six jours, puis de vous lancer le défi d'en manger (p. 98).

3 Si vous croyez que vos symptômes sont, même en partie, causés par le **stress,** prenez des mesures pour le réduire (p. 122). Des **exercices** vigoureux (p. 118) ou la marche, tout simplement, peuvent vous aider, puisque la marche active les intestins en plus de réduire le stress.

4 Le syndrome du côlon irritable peut être causé par une diète qui contient trop de sucre raffiné. Si vous aimez les sucreries, il vaut la peine d'essayer d'**exclure le sucre raffiné** pendant quelques semaines. (Vous trouverez à la p. 57 une liste d'aliments qui contiennent du sucre.)

5 Si vos symptômes persistent après avoir pris les mesures ci-dessus, suivez le **régime** de la deuxième section et vous découvrirez si vous faites une intolérance alimentaire. Vos symptômes sont peut-être causés par plus d'un aliment, mais ils ne sont habituellement pas causés par plus de trois ou quatre. Les responsables d'allergies les plus courants sont le blé et le maïs, le lait de vache et les produits laitiers, le thé, le café, les oignons, les pommes de terre, les agrumes, mais presque n'importe quel aliment peut causer des allergies.

6 Les **médecines douces** qui peuvent contribuer à vous soulager sont la naturopathie, l'herborisme occidental et chinois, le massage, le yoga, la chiropratique, l'ostéopathie, le training autogène et la rétroaction biologique.

De nombreuses personnes souffrent du syndrome du côlon irritable, mais la maladie a tendance à se manifester le plus souvent chez les femmes en âge d'avoir des enfants et elle se manifeste souvent par des combinaisons des symptômes ci-dessous :

- **Des douleurs abdominales** qui semblent reliées aux fonctions intestinales. Ces douleurs peuvent disparaître après le transit intestinal ou après que des gaz ont été évacués.
- **Des changements dans la manière dont les intestins fonctionnent** habituellement comme une plus ou moins grande fréquence des selles, de la diarrhée ou de la constipation ou l'impression que vos intestins ne sont pas complètement vides.
- **Des changements dans la composition** des selles : trop dures, trop molles ou variables d'une journée à l'autre.
- **Une augmentation du passage de mucosités,** soit en même temps que les selles, soit seules.
- **Une sensation de dilatation** ou de ballonnement de l'abdomen, qui peut être soulagée ou non lorsque vous évacuez des gaz.
- Chez les femmes, ces symptômes sont souvent plus graves immédiatement avant leurs règles.
- **Des sensations de stress** d'intensité variée, de dépression et d'anxiété.
- **Des infections récurrentes de muguet** (p. 44).

LES REMÈDES MAISON

- Certaines personnes soulagent leurs symptômes en mangeant du **yogourt nature** (p. 112), d'autres en prenant des **suppléments de plantes médicinales,** particulièrement la menthe (p. 115).

MANGER DU YOGOURT NATURE ET AUGMENTER VOTRE CONSOMMATION DE FIBRES EN MANGEANT DAVANTAGE DE FRUITS PEUT SOULAGER LES SYMPTÔMES DU SYNDROME DU CÔLON IRRITABLE.

Vous devriez consulter votre médecin pour qu'il fasse un diagnostic précis si l'un de ces symptômes ou d'autres changements du transit intestinal apparaissent. D'autres problèmes intestinaux peuvent être très similaires à ceux du syndrome du côlon irritable, mais nécessiter un traitement différent. Dans le cas de ce syndrome, il n'y a généralement pas de sang dans les selles, mais si vous en voyez, consultez toujours votre médecin. Il est essentiel de procéder à un examen complet dans ce cas.

Les causes

Certains médecins croient que le syndrome provient, la plupart du temps, d'un problème psychologique et c'est certainement le cas lorsque le problème survient après un choc émotionnel comme un deuil ou pendant une période de grand stress. Cependant, une intolérance alimentaire est une cause plus courante et, habituellement, les symptômes disparaissent rapidement si l'**aliment responsable** est identifié et qu'on l'évite temporairement (section 2).

Les symptômes de calculs biliaires

Des médecins ont découvert que l'identification et l'élimination de certains aliments peuvent réduire ou même guérir des symptômes causés, apparemment, par des calculs biliaires – comme les douleurs abdominales et les gaz. Cette approche peut aussi être efficace si ces symptômes persistent après l'ablation de la vésicule biliaire. De plus, suivre le **régime** de la deuxième section peut non seulement soulager ces symptômes, mais aussi contribuer à une perte de poids dans les cas où il est recommandé de le faire avant l'opération.

La colique des bébés

L'intolérance au lait est une cause courante de la colique que les bébés ont à 3 ou 4 mois. On peut soulager les symptômes en adoptant une formule sans lait ou, si le bébé est nourri au sein, en excluant le lait de la diète de la mère. Dans les deux cas, il faut consulter un spécialiste pour s'assurer que la diète du bébé contient suffisamment de **calcium** (p. 131).

LES REMÈDES MAISON

- **Frotter le ventre du bébé** ou le coucher sur le ventre sur une surface dure, sur vos genoux, par exemple, peut soulager ces symptômes.
- **Des remèdes à base de plantes médicinales** comme des boissons contenant du fenouil ou de la camomille, et des remèdes homéopathiques – comme de 6 à 10 granules de Chamomilia 6CH ou de Dioscorea 6CH dans 1 c. à café (1 c. à thé) avec une goutte d'eau et administrées toutes les 30 min, au besoin, jusqu'à six doses – peuvent aussi soulager ces symptômes.

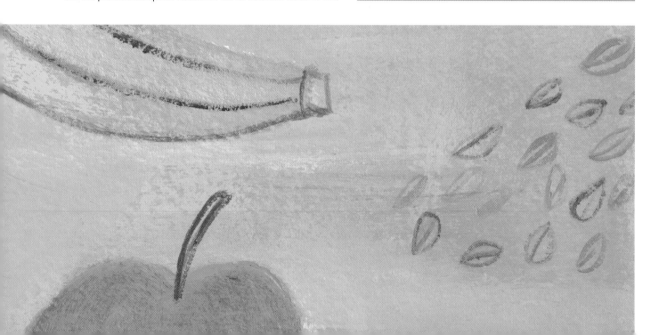

Les problèmes de poids

LES INTOLÉRANCES ALIMENTAIRES ET PEUT-ÊTRE AUSSI DES SUBSTANCES CHIMIQUES PEUVENT ÊTRE LES CAUSES D'UN POIDS EXCESSIF OU INSUFFISANT. IL SEMBLE EN EFFET QU'ELLES ONT UNE INFLUENCE DIRECTE SUR L'APPÉTIT, SUR LES FAIMS INSATIABLES, SUR LA RÉTENTION D'EAU ET AUSSI SUR LA MANIÈRE DONT LE CORPS CONTRÔLE LE POIDS ET LE TAUX DE SUCRE DANS LE SANG.

Les faims insatiables sont un symptôme courant d'intolérance alimentaire. Dans de nombreux cas, les aliments qu'on souhaite manger sont ceux auxquels on est intolérant. Habituellement, une fois que ceux-ci sont éliminés de la diète, la faim insatiable disparaît. Quelquefois, il faut aussi corriger les déficiences en chrome et en magnésium, soit en améliorant la diète, soit en prenant des suppléments alimentaires. Cependant, les envies insatiables de sucre peuvent aussi être des symptômes de **candidose** (p. 44) ou le résultat d'une consommation excessive de **sucre raffiné** (p. 56 et 108).

L'intolérance alimentaire peut aussi entraîner une perte d'appétit et de poids qui se règle habituellement lorsque les aliments responsables sont éliminés. Un manque d'appétit qui dure pendant une longue période peut entraîner des déficiences en minéraux, particulièrement en magnésium et en zinc, qu'il sera nécessaire de corriger, au besoin, en prenant des suppléments alimentaires.

FAITES-LE VOUS-MÊMES !

1 Essayez de tenir un **journal des aliments, de vos humeurs et de vos symptômes** pendant quelques semaines (p. 54). Ce journal contribuera à identifier les aliments dont vous avez un besoin maladif ou auxquels vous êtes peut-être intolérants.

2 Adoptez un **régime alimentaire** sain (p. 106-113) limité à environ 1600 calories par jour pour les femmes et à 1800 pour les hommes – il faut augmenter le nombre de calories si la perte de poids est supérieure à 1 kg (2 ¼ lb) par semaine après les deux premières semaines, lorsqu'on perd de l'eau.

3 Simultanément, commencez un **programme d'exercices** (p. 118). Donnez-vous comme objectif de faire des exercices modérés pendant 30 à 45 min, cinq fois par semaine. Il n'est pas nécessaire de faire ces exercices en une seule fois – dans le calcul du temps, on peut compter une marche rapide de 10 à 15 min jusqu'aux magasins. Essayez aussi de monter les escaliers plutôt que de prendre l'ascenseur ; si cela vous essouffle trop, commencez par descendre les escaliers !

4 Si vous prenez ces mesures pendant 2 ou 3 mois sans perdre de poids, il se peut que vous soyez intolérants à un ou à plusieurs aliments. Le **régime** de la deuxième section pourra vous aider.

5 En plus des mesures ci-dessus, il vaut peut-être la peine de réduire votre exposition aux substances chimiques (p. 48 et p. 126-130) ; elles peuvent être la cause de faims insatiables et de rétention d'eau.

L'hyperactivité

À LA MAISON COMME À L'ÉCOLE, MÊME UNE HYPERACTIVITÉ MOYENNE PEUT CAUSER D'IMPORTANTES PERTURBATIONS CHEZ UN ENFANT. QUAND UN ENFANT MANIFESTE UNE HYPERACTIVITÉ IMPORTANTE, LA MÉDECINE QUALIFIE CE PROBLÈME DE TROUBLE DÉFICITAIRE DE L'ATTENTION AVEC OU SANS HYPERACTIVITÉ (TDAH).

Comme le nom le suggère, il y a deux aspects à ce problème : un déficit d'attention et une hyperactivité présents à des degrés divers. On remarque facilement que les garçons sont plus portés à être turbulents. Chez les filles, le manque de concentration domine, le diagnostic est donc moins évident à poser, malgré les difficultés d'apprentissage. Ce problème se résout souvent à la fin de l'adolescence, mais peut persister pendant la vie adulte.

La cause

On ne connaît pas vraiment la cause précise de l'hyperactivité. Plusieurs facteurs peuvent intervenir comme une naissance difficile ainsi qu'une nutrition déficiente pendant la grossesse et la petite enfance. Dans certains cas, il pourrait aussi exister une prédisposition héréditaire. Un parent qui est affecté pendant son enfance peut donc constater le même problème chez ses enfants.

Il est possible que l'intolérance alimentaire soit aussi la cause de l'hyperactivité, puisque des changements de diète améliorent la situation de nombreux enfants. Même lorsque l'hyperactivité est suffisamment importante pour qu'on porte un diagnostic de TDAH, une recherche a permis de découvrir qu'environ le quart des enfants hyperactifs, ou même davantage, se comporte normalement lorsqu'ils adoptent un régime qui exclut l'aliment auquel ils sont intolérants. De plus, un certain nombre d'autres s'améliorent suffisamment pour leur

permettre de répondre adéquatement à un traitement psychologique.

Les additifs alimentaires

On dénombre environ 3000 additifs dans les aliments ou dans les médicaments. Ils permettent de conserver les aliments, en assurent la sécurité et prolongent leur durée de conservation dans les épiceries. Ils rehaussent aussi le goût et l'apparence des aliments. Pour les éviter, il faut vérifier toutes les étiquettes et vous informer des composants des médicaments.

Presque tous les additifs peuvent causer des symptômes chez une personne sensible. Les responsables les plus courants sont :

Les additifs naturels qui incluent les substances les plus susceptibles de causer une intolérance comme les épaississants d'aliments à base de blé et de maïs ainsi que les édulcorants naturels et les sirops de maïs, de betterave et de canne. On trouve ces deux additifs dans les médicaments liquides et même dans les comprimés. L'albumine provient généralement des œufs.

Les aromatisants : le plus connu est le glutamate monosodique (MSG) qui peut déclencher le « syndrome du restaurant chinois » (congestion, oppression et douleurs à la poitrine, maux de tête et évanouissement).

Les agents de conservation antioxydants : ils empêchent les matières grasses de rancir, mais peuvent aussi déclencher l'asthme et l'urticaire.

Les agents de conservation contenant des sulfites : ces agents sont produits naturellement lors de la fermentation de la levure, mais on peut en ajouter à la bière, au vin et aux jus de fruits ou les utiliser pour la préparation de fruits de mer, de gélatine, de légumes déshydratés, de cornichons, de viandes en conserve,

FAITES-LE VOUS-MÊMES !

1 Commencez en tenant un **journal des aliments, de vos humeurs et de vos symptômes** (p. 54) pour vous aider à identifier les aliments et les substances chimiques déclencheurs.

2 Évitez les additifs alimentaires (liste des additifs p. 38-39), puisque ce sont les déclencheurs les plus courants de l'hyperactivité. Utilisez un dentifrice simple et naturel et évitez les dentifrices en gel parce qu'ils contiennent des agents de conservation.

3 Adoptez un **régime sain** (p. 106-113) pour éviter les hauts et les bas du taux de sucre dans votre sang.

4 Pour les adultes, l'étape suivante est le **régime** présenté dans la deuxième section. Pour un enfant, discutez d'abord de cette approche avec votre médecin, puisque vous aurez peut-être besoin de l'aide d'un spécialiste de la diététique pour vous assurer que la diète est appropriée.

5 Discutez avec votre médecin des autres traitements qui pourraient réduire l'hyperactivité. Ces traitements comprennent les thérapies behaviorales et les médicaments.

6 Quelquefois, l'**homéopathie** (p. 146) peut être bénéfique, mais il vous faudra consulter un thérapeute qualifié, préférablement un thérapeute qui est aussi médecin.

de saucisses, de salades de fruits, de fruits séchés et de salades vertes sur lesquels on pulvérise des agents de conservation pour conserver la fraîcheur dans les bars à salades et dans les restaurants. Ils peuvent déclencher l'asthme, la rhinite et l'urticaire.

Les agents de conservation au nitrite et au nitrate : ils stabilisent la couleur des viandes cuites, incluant le jambon et le bacon ainsi que le fromage. Ils peuvent déclencher de l'urticaire et des maux de tête.

Les agents de conservation au benzoate : ils sont ajoutés à des concentrés de fruits, à des sirops de fruits, à des boissons gazeuses et à certains légumes et crustacés. Ils peuvent apparaître naturellement dans le miel et les canneberges. Ils peuvent souvent causer de l'hyperactivité. Ils peuvent aussi provoquer de l'urticaire et même de l'eczéma et de l'asthme. Ils peuvent affecter les personnes sensibles à l'aspirine (p. 72) et/ou à la tartrazine.

Les colorants alimentaires : les colorants azoïques : on les trouve dans de nombreux aliments et médicaments. Dans l'intestin, ils peuvent se décomposer et former des amines (p. 73). Ils peuvent déclencher l'asthme, de l'urticaire, des problèmes de comportement, l'hyperactivité et la migraine.

Les migraines et l'intolérance alimentaire

Jusqu'à une personne sur dix peut souffrir de migraines à une période de sa vie. Les plus chanceuses n'ont qu'une ou deux crises au cours de leur vie, mais d'autres souffrent de migraines plusieurs fois par semaine.

Les migraines n'affectent généralement qu'un seul côté de la tête et produisent une sensation de battement ou de martèlement. La première attaque se manifeste quelquefois par une altération des sens : on sent et l'on entend des choses que les autres ne sentent pas et n'entendent pas, on ressent des picotements ou un engourdissement dans les bras ou dans la figure, surtout de la lèvre supérieure. Un avertissement courant est une altération de la vue, connue sous le nom d'aura : la personne voit des choses de couleurs vives qui scintillent ou a l'impression que certaines choses sont en forme de zig-zag. On pense que ces symptômes sont causés par le rétrécissement de vaisseaux sanguins qui irriguent le cerveau.

Après environ une demi-heure, les vaisseaux se dilatent encore et s'étirent, provoquant la douleur. La sensation de battement ou de martèlement provient de la pulsation du sang causée par les battements du cœur et des changements de la tension dans les vaisseaux sanguins. Le mal est habituellement si intense que la personne doit s'allonger et rester immobile dans un endroit sombre et silencieux. Des nausées et des vomissements se produisent aussi et certaines personnes disent qu'elles évacuent de grande quantité d'urine au cours de la disparition de la migraine. Le sommeil soulage les symptômes d'un grand nombre de personnes.

Qu'est-ce qui cause la migraine ?

La migraine est tellement courante et fait tellement de ravages qu'elle a justifié de multiples recherches. La meilleure façon de la considérer est sans doute de la voir comme un symptôme qui peut être produit par différents changements de l'activité biochimique du corps. Comme il arrive souvent que des familles entières soient victimes de migraines, ces changements sont probablement, jusqu'à un certain point, héréditaires. Il y a cependant plusieurs déclencheurs immédiats de la migraine. Chacun des individus doit les identifier et les éviter autant que possible. Ces déclencheurs sont, entre autres :

· **L'intolérance alimentaire** (p. 11).
· L'ingestion d'aliments qui contiennent ou émettent de l'**histamine** (p. 73).
· **Les additifs alimentaires** (p. 38) comme le glutamate monosodique et les nitrates.
· **L'exclusion de la caféine** (p. 73) ou de certains analgésiques utilisés pour traiter la migraine comme l'ergotamine ou ceux qui contiennent de la caféine.
· **Le stress,** l'épuisement ou les changements émotifs, l'excitation incluse.
· **Un sommeil excessif ou un manque de sommeil.**

- **Des changements hormonaux chez les femmes,** incluant l'ingestion de pilules anticonceptionnelles.
- **La tension musculaire** (le grincement de dents, par exemple), la tension oculaire ou de mauvaises positions du corps.
- **La température,** par exemple, des changements de la pression atmosphérique ou l'exposition au soleil.
- **Des blessures mineures à la tête.**

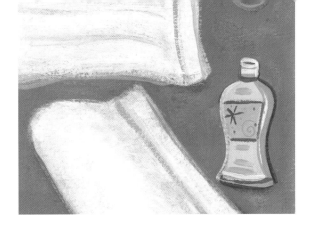

FAITES-LE VOUS-MÊMES !

1 Il existe plusieurs types de maux de tête et ceux-ci peuvent avoir plusieurs causes différentes. Il est donc important de consulter son médecin pour obtenir un bon diagnostic. Si vous grincez des dents, il peut aussi être utile de consulter votre dentiste.

2 Consultez votre médecin au sujet de chacun des médicaments que vous prenez. Si vous avez des migraines fréquentes, la cause est peut-être due au fait que vous cessez de prendre le médicament chaque fois que la crise se résorbe.

3 Essayez d'identifier le ou les déclencheurs de votre migraine (ci-contre). Vous trouverez peut-être qu'un **journal des aliments, des humeurs et des symptômes** est utile (p. 54), puisqu'on dit que 80 ou 90 % des personnes qui souffrent de migraines souffrent aussi d'un certain type d'allergie ou d'intolérance alimentaire. Votre journal peut aussi vous aider à décider si vous auriez avantage à réduire la quantité d'aliments ingérés contenant de l'**histamine** (p. 73) ou si les **additifs alimentaires** constituent pour vous un problème (p. 38).

4 Étudiez votre mode de vie. Pouvez-vous **réduire le stress** dans votre vie (p. 122) ou faire davantage d'**exercices** (p. 118) ?

5 Adoptez un **régime sain** (p. 106-113). La tendance à faire des migraines peut augmenter à cause d'une déficience en vitamine B, en magnésium et en acides gras essentiels ou parce que votre diète inclut trop de gras animal.

6 Songez à suivre le **régime** de la deuxième section, sauf si vous avez perdu l'usage d'un bras ou d'une jambe ou si vous avez souffert, dans le passé, de troubles visuels graves au cours d'une migraine. Dans ces cas, une supervision médicale est nécessaire parce que des migraines importantes peuvent survenir au moment où des aliments sont réintroduits.

7 Les **thérapies** utiles de la section 4 comprennent, entre autres, l'homéopathie, l'herborisme occidental, le massage, la chiropratique, l'ostéopathie, l'acupuncture, le shiatsu, l'hypnothérapie et la rétroaction biologique.

Un sentiment de fatigue constante

UNE FATIGUE CONSTANTE PEUT ÊTRE PROVOQUÉE PAR DE MULTIPLES FACTEURS. MÊME LES MÉDICAMENTS QUE VOUS PRENEZ PEUVENT EN ÊTRE LA CAUSE. DANS TOUS LES CAS, VOUS DEVEZ CONSULTER VOTRE MÉDECIN POUR QU'IL POSE UN DIAGNOSTIC PERSONNEL, CAR LES MALADIES DONT LA FATIGUE EST UN SYMPTÔME, COMME LE DIABÈTE, L'ANÉMIE OU LES MALADIES CARDIAQUES, EXIGENT TOUTES DES TRAITEMENTS CONVENTIONNELS.

D'autres causes courantes de la fatigue, comme la dépression et le stress, sont plus faciles à diagnostiquer en faisant soit des tests de laboratoire, soit des examens physiques. Des taux de sucre mal contrôlés peuvent aussi causer la fatigue et être un facteur de la dépression.

La fatigue chronique a été reconnue en 1930 comme une caractéristique clé de l'intolérance alimentaire. Depuis, de nombreux médecins ont confirmé cette observation. La fatigue peut aussi se manifester si vous avez des crises récurrentes de **muguet** (p. 44) ou si vous êtes sensibles aux **substances chimiques** (p. 48).

Le syndrome de la fatigue chronique

L'existence du syndrome de la fatigue chronique (SFC) n'a pas été formellement reconnue avant la fin du XXe siècle. Les bases sur lesquelles les médecins s'appuient pour poser un diagnostic restent controversées ; il n'y a pas non plus de test spécifique pour confirmer le diagnostic.

Le SFC surgit habituellement après une infection virale, surtout une fièvre glandulaire, mais n'a pas souvent de cause évidente. Seulement le quart des personnes qui souffrent pendant longtemps d'une fatigue extrême souffrent du SFC, mais la moitié de ces personnes ont aussi des allergies comme le rhume des foins, l'asthme et l'eczéma.

La myalgie (douleur musculaire) et la sensibilité aux **substances chimiques** (p. 48) font partie des problèmes

connexes. Plusieurs des symptômes qui concernent les deux problèmes précédents sont similaires aux symptômes décrits pour le SFC et peuvent être des formes de SFC. On découvre quelquefois que la personne qui en souffre a un faible taux de magnésium et, dans de tels cas, des suppléments intramusculaires peuvent contribuer à la soulager.

LES REMÈDES MAISON

Voici des exemples de changements faciles à apporter à votre diète lorsque vous vous sentez fatigués :

- **Mangez beaucoup de fruits et de légumes et buvez du jus de légumes** parce qu'ils contiennent du magnésium, du potassium et des substances phytochimiques (p. 109). (Évitez de manger trop de carottes et de boire trop de jus de betterave parce qu'ils contiennent beaucoup de sucre.)
- **Mangez le plus d'aliments différents possible,** cela vous aidera à réduire les symptômes causés par l'intolérance alimentaire.
- **Excluez l'alcool,** la caféine et la nicotine, le sucre raffiné et la farine blanche, ils accentuent la fatigue et votre corps doit utiliser des nutriments vitaux pour la combattre.

POUR COMBATTRE LA FATIGUE, AUGMENTEZ VOTRE CONSOMMATION DE FRUITS ET DE LÉGUMES RICHES EN VITAMINES.

FAITES-LE VOUS-MÊMES !

1 Consultez votre médecin pour qu'il pose un diagnostic.

2 Améliorez votre **régime** (encadré ci-contre) pour fournir à votre corps et à votre système immunitaire les nutriments nécessaires à combattre la fatigue. Même si vous vous sentez complètement épuisés, il vaut vraiment la peine de faire quelques changements mineurs. Une fois que vous y serez habitués, vous vous sentirez sans doute assez bien pour en faire un peu plus (p. 106-113). En outre, lorsque c'est possible, assurez-vous de manger à intervalles réguliers et dans un environnement calme.

3 Essayez de réduire le **stress** dans votre vie (p. 122) et gardez-vous du temps pour suivre un programme d'**exercices** (p. 118) légers et progressifs comme ceux du taï chi (p. 121).

4 Assurez-vous que vous vous reposez suffisamment et essayez de prendre des habitudes de sommeil. **Apprenez à vous détendre** (p. 124). Les personnes qui souffrent du SFC ont souvent un sommeil perturbé, mais leur sommeil peut s'améliorer si elles prennent des doses réduites de médicaments antidépresseurs (même si elles ne se sentent pas vraiment déprimées). Si la posologie prescrite vous rend trop somnolents, demandez à votre médecin de la réduire. Certaines personnes extrêmement sensibles aux médicaments peuvent éviter la somnolence tout en dormant mieux en ne prenant que la quantité qu'on donnerait à un petit enfant.

5 Songez à prendre des minéraux et des **suppléments vitaminiques,** surtout de la vitamine C et B, du zinc et du magnésium (section 2). Il est préférable de consulter pour connaître la posologie appropriée.

6 Si vous êtes encore fatigués 5 ou 6 semaines après avoir pris ces mesures, il est possible que vous fassiez une intolérance alimentaire. Peut-être devriez-vous alors songer à suivre le **régime** (p. 52).

7 Songez aux médecines douces, comme le massage, le yoga, la psychothérapie ou l'acupuncture (section 4).

Le problème de la candidose

LE *CANDIDA ALBICANS* EST UN TYPE DE LEVURE PLUS COMMUNÉMENT APPELÉ MUGUET. ON LE TROUVE NORMALEMENT DANS L'INTESTIN, MAIS IL PEUT CAUSER UNE INFECTION ACTIVE LORSQU'IL SE PROPAGE DANS D'AUTRES ENDROITS COMME SUR LA PEAU, DANS LE VAGIN OU LA BOUCHE. UNE INFECTION PLUS ÉTENDUE ET PLUS GRAVE PEUT AFFECTER DES PERSONNES QUI SONT SÉRIEUSEMENT AFFAIBLIES À CAUSE D'UNE MALADIE COMME LE CANCER OU PAR L'EXTRÊME VIEILLESSE.

FAITES-LE VOUS-MÊMES !

1 Si vous croyez souffrir d'une infection causée par le *Candida albicans,* essayez de faire confirmer ce diagnostic par un médecin. Même si le médecin est réticent à confirmer ce diagnostic, il pourra exclure d'autres maladies possibles et, si nécessaire, prescrire des médicaments conventionnels pour la candidose.

2 Améliorez votre **régime** (p. 106-113). Songez à prendre des suppléments de plusieurs minéraux sans sucre et sans levure ainsi que des suppléments vitaminiques, de la vitamine C supplémentaire et un ou plusieurs remèdes anti-*Candida*. Assurez-vous de la régularité du fonctionnement de vos intestins en prenant du psyllium ou des graines de lin avec beaucoup d'eau. Si vos symptômes ne se sont pas apaisés après trois mois, songez à suivre le **régime** de la deuxième section.

3 Prenez beaucoup de repos. Songez à suivre un **programme de gestion du stress** (p. 122) incluant des **exercices** légers (p. 118) et augmentez le rythme lorsque vous vous sentirez mieux.

Il y a peu de preuves scientifiques de la théorie selon laquelle une prolifération du *Candida* dans l'intestin lui-même peut produire des symptômes. Cependant, on reconnaît qu'il peut y avoir un déséquilibre des microbes qui contrôlent habituellement la quantité de *Candida* après un traitement aux antibiotiques. Il est aussi démontré que si ce déséquilibre persiste, les intestins de ceux qui en souffrent peuvent fuir ; des aliments qui ne sont pas entièrement digérés sont alors assimilés, ce qui crée un stress du système immunitaire.

Certains médecins croient qu'il est préférable d'appeler dysbiose les symptômes produits, parce qu'il est probable que le *Candida* n'en est pas toujours la cause, même si les symptômes peuvent inclure des épisodes récurrents d'une infection de muguet. Cependant, les praticiens de médecines douces et le grand public utilisent généralement l'expression «le problème du *Candida*» lorsqu'ils rencontrent ces symptômes.

Il est évident qu'il reste beaucoup de travail à faire avant de comprendre cette curieuse maladie qui est devenue plus fréquente depuis 20 ans. Ses caractéristiques sont, entre autres :

- **Une fatigue chronique,** une perte d'énergie et un manque de concentration.
- **Des indigestions,** de la dilatation gastrique et des ballonnements.
- **Des fonctions intestinales modifiées** comme une augmentation de la fréquence des selles ou de la constipation, le passage de mucosités et des selles soit plus dures, soit plus molles qu'auparavant.
- **Des douleurs musculaires** ou **articulaires.**
- **Des démangeaisons anales** et, chez les femmes, une candidose vaginale récurrente ou une cystite pour laquelle on ne peut identifier de microbe responsable.

- **Des désordres du système immunitaire** responsables de fréquentes infections, le développement de nouvelles allergies, l'accentuation des symptômes d'allergies déjà existants, une tolérance réduite aux substances chimiques comme les parfums, la fumée de cigarette, les produits domestiques de nettoyage ou les boissons alcooliques.
- **L'utilisation antérieure de médicaments stéroïdes** (pour l'asthme ou l'arthrite), de pilules anticoncep-

tionnelles ou des traitements fréquents et à long terme d'antibiotiques.
- **Un désir insatiable de sucreries,** de glucides ou de levures.

Les démangeaisons anales

Les démangeaisons anales ont plusieurs causes, incluant les infections au *Candida* et les intolérances alimentaires. Si les symptômes persistent après un diagnostic et un traitement traditionnel, essayez le **régime** de la deuxième section.

LES REMÈDES MAISON

Contactez des personnes qui souffrent de candidose et qui savent comment la soigner :

- En cuisine, l'utilisation normale de certains aliments peut soulager : l'ail cru, le yogourt nature (**probiotiques,** p. 112), le gingembre, l'origan, le basilic, le thym, le romarin, la menthe et l'huile d'olive extra-vierge pressée à froid.
- Parmi les suppléments utiles, on trouve l'acide caprylique, l'extrait de graines de pamplemousse, l'huile d'origan, la *Pseudowintera colorata* et le *Pau d'arco* (*tabebuia*), sous forme de supplément ou en infusion.
- Les plantes médicinales utiles contiennent une substance appelée berbérine : le saule d'or (*Hydrastis canadensis*), l'épine-vinette (*Berberis vulgaris*), le raisin d'Oregon (*Berberis aquifolium*) et le fil d'or (*Coptis chinensis*).
- Mangez des aliments riches en **fibres** (p. 109) et songez à ajouter à votre diète des **fructo-oligosaccharides** (FOS, p. 112).

Idéalement, les personnes qui combattent le *Candida* devraient consulter, mais si c'est impossible, suivez les recommandations du manufacturier et faites une pause tous les mois pour vérifier s'il faut continuer de prendre ces médicaments. Si vous, ou votre partenaire, souffrez de crises fréquentes de candidose, lavez vos sous-vêtements à 80 °C (176 °F) pour éliminer le *Candida* du tissu et réduire le risque de réinfection.

L'arthrite peut être le résultat d'une intolérance alimentaire

SI VOUS RECHERCHEZ UN LIVRE SUR LES DIÈTES APPROPRIÉES AUX DOULEURS ARTICULAIRES DANS UNE LIBRAIRIE OU UNE BIBLIOTHÈQUE, VOUS EN TROUVEREZ SÛREMENT PLUSIEURS QUI VOUS DONNERONT DES CONSEILS CONTRADICTOIRES. CETTE SITUATION REFLÈTE LE FAIT QUE LES ALIMENTS QUI CAUSENT L'INTOLÉRANCE ET AGGRAVENT L'ARTHRITE VARIENT SELON LES PERSONNES.

L'arthrite est une maladie qui provoque l'inflammation des articulations. Les symptômes en sont la douleur et l'enflure qui sont responsables de raideurs et d'une limitation des mouvements. Une des difficultés d'une approche diététique pour la soigner est que cette maladie progresse de manière différente selon le type d'arthrite dont vous souffrez. En effet, les symptômes de plusieurs types d'arthrite vont et viennent, et il est facile de présumer que les changements diététiques que vous avez faits sont responsables de l'amélioration de votre condition. Plusieurs médecins croient que les changements diététiques ne jouent aucun rôle pour contrôler les symptômes de l'arthrite, alors que d'autres pensent que les intolérances alimentaires sont des facteurs qui y contribuent, dans la plupart des cas.

Les causes

Généralement, on ne comprend pas les causes sous-jacentes de l'arthrite. Les traitements conventionnels sont peut-être inévitables, mais ils suppriment les symptômes plutôt que de s'attaquer aux racines du mal qui peuvent inclure ou exclure les intolérances alimentaires.

Utilisez votre **journal des aliments, de vos humeurs et de vos symptômes** (p. 54) pour découvrir les causes non alimentaires des douleurs articulaires ; vous pourrez alors prendre les mesures qui s'imposent pour les éviter. Ce sont, entre autres :

- **Les allergènes inhalés.** Ils sont rares dans les climats chauds et secs, donc, si vos symptômes s'améliorent lorsque vous êtes en vacances dans un pays chaud, il est possible que les acariens (p. 19) ou les spores de moisissure (p. 27) en soient responsables. Dans n'importe quel climat, si vous vous portez toujours mieux lorsque vous vous éloignez de chez vous, ce sont peut-être les animaux domestiques (p. 14) ou les substances chimiques (p. 48) que vous laissez derrière vous qui sont responsables du problème.

- **Les boissons alcooliques.** Si vos articulations sont plus douloureuses après avoir bu de la bière, du vin ou du cidre, il est possible que vous soyez intolérants à la levure ou que vous ayez un problème de *Candida* (p. 44). Les alcools sont moins susceptibles de causer un problème, sauf si vous êtes intolérants à un de leurs composants comme les céréales et les pommes de terre ou aux sucres et sirops qu'on y ajoute.

- **La fumée de cigarette.** Le tabac provient de la famille des solanacées (p. 78) et peut entraîner des symptômes si vous avez une intolérance à l'un des membres de cette famille. Si vous êtes fumeur, vous pourriez trouver qu'il est plus facile d'arrêter si vous renoncez aux aliments de cette famille.

- **Les additifs alimentaires** (p. 38). Ils sont exclus de la première étape du mini-régime d'élimination (p. 58).

FAITES-LE VOUS-MÊMES !

1 Tenez un **journal des aliments, de vos humeurs et de vos symptômes** (p. 54) et, parce que les douleurs articulaires peuvent avoir de nombreuses causes, ajoutez une colonne pour noter la température du lieu où vous étiez et ce que vous faisiez (voir Les causes, ci-contre).

2 Améliorez votre **alimentation** (p. 106-113) et adoptez une diète pauvre en gras saturés, en sucre et en sel. Assurez-vous que vous prenez suffisamment d'acides gras essentiels, de cuivre et de zinc. De l'acide pantothénique (vitamine B5) supplémentaire peut être utile pour l'arthrite rhumatoïde et de la vitamine E pour la spondylite ankylosante, mais il est préférable de discuter avec votre médecin avant de prendre ces suppléments. Ne fumez pas et ne buvez pas trop d'alcool.

3 Si vous faites de l'ostéoarthrite des articulations qui supportent le poids, vos articulations bénéficieront probablement beaucoup d'une perte de poids excédentaire (p. 37).

4 Faites des exercices légers, mais allez-y prudemment (p. 118). Les exercices soulagent souvent la raideur et permettent aux articulations de fonctionner complètement. Il est cependant préférable de ne pas courir ni marcher, ce qui pourrait apporter un stress aux articulations qui supportent votre poids. La natation et le vélo sont plutôt recommandés, surtout si vous faites de l'ostéoarthrite des hanches, des genoux ou des chevilles. On ne devrait bouger que très doucement des articulations atteintes d'une inflammation grave causée par une arthrite rhumatoïde. Si vous avez un doute, consultez votre médecin ou un physiothérapeute.

5 Songez à la possibilité d'une intolérance alimentaire. Commencez par éliminer les responsables les plus courants : les produits laitiers, les céréales, le café, les noix, les fruits à pépins et la famille des solanacées (p. 78). Si le problème n'est pas réglé, suivez le **régime** de la deuxième section de cet ouvrage. Si vous faites de l'arthrite rhumatoïde, vous pourriez peut-être gagner du temps en suivant tout de suite le régime d'élimination décrit à la p. 94, les améliorations apportées par d'autres régimes étant souvent lentes et difficiles à évaluer.

6 L'homéopathie, l'herborisme, le massage, le yoga, l'acupuncture, l'hydrothérapie et l'hypnothérapie sont des **médecines douces** utiles (section 4).

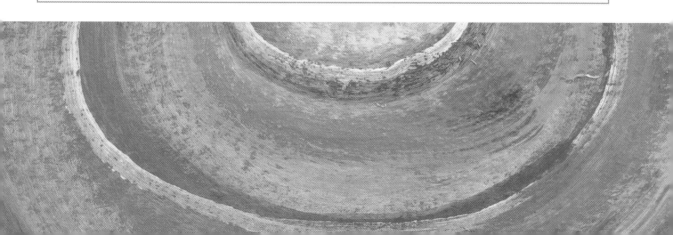

La sensibilité aux substances chimiques

DEPUIS 50 ANS, DES MILLIONS DE SUBSTANCES CHIMIQUES ONT ÉTÉ CRÉÉES ET 10 000 SONT UTILISÉES QUOTIDIENNEMENT. L'EXPOSITION À CES SUBSTANCES CHIMIQUES NE CAUSE PAS DE PROBLÈME À LA PLUPART DES GENS, SAUF SI LES NIVEAUX SONT ASSEZ ÉLEVÉS POUR PROVOQUER UN EMPOISONNEMENT.

Les médecins spécialistes de la médecine environnementale croient que, pour certaines personnes, une exposition prolongée à de faibles doses de substances chimiques manufacturées produit une forme d'intolérance. L'exposition aux substances chimiques peut produire, plus tard, des malaises chez les personnes qui entrent en contact avec la même ou les mêmes substances chimiques et aussi, fréquemment, lorsqu'elles sont exposées à d'autres substances chimiques ou allergènes.

Une réaction similaire peut se produire lorsqu'une personne est exposée à une dose unique d'une substance chimique si la dose est assez élevée pour provoquer un empoisonnement. Les symptômes se produiront lorsque la personne n'est pas complètement rétablie d'une exposition et peuvent varier selon les journées. Parmi ces symptômes, se trouvent la fatigue, le sommeil agité, les nausées, les changements d'humeur, les troubles de la mémoire, les problèmes de concentration, les palpitations ainsi qu'une respiration trop rapide ou profonde.

Malheureusement, si vous croyez être victime d'une sensibilité aux substances chimiques, il peut être difficile d'obtenir de l'aide. De nombreux médecins écartent la possibilité d'une sensibilité aux substances chimiques parce que les symptômes varient beaucoup et sont difficiles à confirmer. Par exemple, il est impossible de prouver à quelqu'un que vous avez mal à la tête ou que vous ne « pouvez pas penser ». Cependant, parce que la gravité de vos symptômes semble varier

LES ALLERGIES ET LES SUBSTANCES CHIMIQUES

Des recherches démontrent que l'inhalation de certaines substances chimiques affecte le système immunitaire, augmentant la probabilité de produire une réaction allergique. D'autres substances chimiques semblent agir comme des allergènes ou produire un effet toxique immédiat. On reconnaît de plus en plus que la pollution à l'intérieur des maisons et des immeubles est souvent plus importante que celle que l'on trouve à l'extérieur. Parmi les substances chimiques qui créent des problèmes, on trouve :

- le dioxyde d'azote provenant des gaz d'échappement des voitures ou de la combustion des gaz qui servent à faire la cuisine ou à chauffer ;
- le formaldéhyde qui provient de la fumée de cigarette ou de nombreux types d'ameublement et d'appareils neufs ;
- les composés organiques volatils, expression utilisée pour décrire le cocktail de substances chimiques qui émanent des produits de nettoyage, des peintures, des photocopieurs, des colles et des vernis utilisés pour l'ameublement.

selon la « quantité totale » de substances chimiques qui sont absorbées par votre corps, vous pourriez vous sentir mieux et avoir plus d'énergie si vous évitez les substances chimiques le plus possible et si vous améliorez votre régime. De tels changements peuvent renforcer votre système immunitaire et permettre à votre corps de faire face aux substances chimiques que vous ne pouvez éviter.

FAITES-LE VOUS-MÊMES !

1 **La sensibilité aux substances chimiques**

Si vous croyez que vous êtes sensibles aux substances chimiques, essayez de faire confirmer ce diagnostic en trouvant un médecin préoccupé par les problèmes environnementaux. Même si ce n'est pas possible, vous devriez discuter de vos symptômes avec votre médecin pour écarter la possibilité que vos symptômes aient une autre cause.

2 Adoptez un **régime sain** (p. 106-113). S'il vous est impossible d'obtenir des conseils quant aux **suppléments alimentaires** que vous devriez prendre, songez à la possibilité de commencer à prendre une préparation de multi-minéraux et de vitamines sans sucre ni levure (p. 112).

3 Essayez d'identifier les causes de vos symptômes en commençant à tenir un **journal des aliments, des humeurs et des symptômes** (p. 54). Il se peut, par exemple, que vos symptômes ne se produisent que lorsque vous êtes chez vous.

4 À votre lieu de travail et chez vous, limitez votre exposition générale aux **substances chimiques et autres allergènes** (p. 19, 27 et 126-130). Il est peut-être préférable de commencer dans votre chambre à coucher, puisque vous y passez le tiers de votre vie. Essayez la première étape du **mini-régime d'élimination** (p. 58), puisqu'elle exclut les **additifs alimentaires** (p. 38).

1 **Les allergies sur le lieu de travail**

Si vos symptômes ont commencé à se manifester peu de temps après que vous avez commencé un nouveau travail, si vos conditions de travail ont changé, si vos symptômes se manifestent de manière différente, si vos symptômes apparaissent à votre lieu de travail ou lorsque vous vous adonnez à votre passe-temps, vous pouvez présumer que vous avez une allergie à votre environnement de travail. Il faut identifier la cause de vos symptômes, puisque le meilleur moyen de les contrôler, c'est de les éviter. Votre médecin, votre médecin du travail ou votre dermatologue pourra vous aider et vous suggérer un traitement lorsque c'est approprié.

2 Étudiez la section de cet ouvrage qui correspond à vos symptômes (encadré suivant).

LES SYMPTÔMES D'UNE ALLERGIE SUR LE LIEU DE TRAVAIL

Par définition, une allergie sur le lieu de travail est provoquée par une exposition à une substance chimique ou à un autre allergène présent sur le lieu de travail, mais les allergies peuvent aussi être produites par une exposition à des substances similaires lorsque vous vous adonnez à un passe-temps.

Chaque année, des milliers de personnes doivent changer d'emploi ou de passe-temps à cause d'une allergie. Ces symptômes incluent, entre autres, la **rhinite** (p. 28), la **conjonctivite** (p. 26), l'**urticaire** (p. 20), la **dermatite allergique de contact** (p. 24), l'**asthme** (p. 30) et, rarement, l'**anaphylaxie** (p. 13).

2

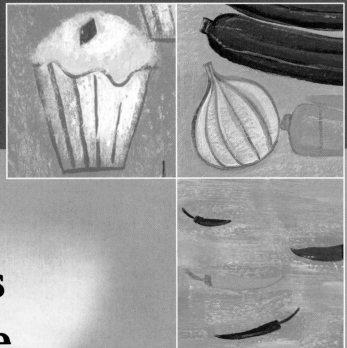

Les étapes
du régime

Les étapes du régime

L'OBJECTIF DU RÉGIME EST DE VOUS AIDER À IDENTIFIER, ÉTAPE PAR ÉTAPE, TOUS LES ALIMENTS AUXQUELS VOUS ÊTES INTOLÉRANTS. SI L'ON VOUS INDIQUE DE COMMENCER PAR LA PREMIÈRE SECTION, VOUS DEVRIEZ COMMENCER PAR LE MINI-RÉGIME D'ÉLIMINATION AVANT DE PASSER, SELON L'ÉTAT DE VOS PROGRÈS, À L'ÉTAPE SUIVANTE.

Préparez-vous !

Les étapes du régime sont basées sur deux éléments : la consommation d'aliments frais entiers et l'exclusion d'additifs alimentaires, d'agents de conservation, d'aromatisants et de colorants. Pour réussir, vous devrez prendre l'habitude de lire les étiquettes apposées sur les aliments. Vous serez surpris de la quantité de sucre qu'on trouve dans les aliments préparés. Au premier abord, les étapes paraîtront peut-être difficiles à franchir, mais une bonne planification – en écrivant, par exemple, vos menus quotidiens pour la première semaine – vous permettra d'éviter un surcroît de travail. Mieux vous vous sentirez, plus vous aurez d'énergie, plus il sera facile d'organiser votre régime. Si vous êtes intoxiqués par des aliments exclus, il faudra sans doute que vous trouviez des astuces pour éviter de céder à la tentation : vous pourriez, par exemple, les bannir de votre cuisine.

Vérifiez le contenu de votre garde-manger

Lorsque vous vous préparez à la première étape du régime, faites l'inventaire des aliments de votre garde-manger. Vous devriez enlever ou donner tous les aliments contenant des additifs puisque, au début, vous devez les bannir complètement de votre diète. Il faudra peut-être aussi que vous enleviez plusieurs aliments de votre congélateur parce que de nombreux aliments préparés contiennent aussi des additifs et ne conviennent pas à ces diètes. L'une des façons de ne pas être l'esclave de la cuisinière est d'apprêter à l'avance vos propres aliments préparés pour deux ou trois repas et d'en congeler des portions pour plus tard.

Un guide pour faire votre marché

Malheureusement, certaines vitamines se perdent pendant l'entreposage, vous devrez donc faire plus d'une visite par semaine à l'épicerie pour vous assurer que vos fruits et légumes sont frais. Les légumes surgelés sont très pratiques pour les urgences, pour les jours où vous êtes fatigués ou pressés, mais assurez-vous qu'ils ne contiennent pas d'additifs ; du sucre, par exemple, est souvent ajouté aux petits pois surgelés. Évitez les aliments en conserve : le revêtement intérieur de certaines boîtes est fabriqué avec de la résine phénolique qui contamine légèrement les aliments et certaines personnes peuvent y être sensibles.

BIOLOGIQUE OU NON ?

La consommation des aliments biologiques est souvent déterminée par une question économique ; en effet, les aliments biologiques sont habituellement plus chers que ceux qui ne le sont pas. Mais certaines personnes sont tellement sensibles aux substances chimiques que le choix des produits biologiques peut permettre de soulager considérablement leurs symptômes. Cependant, pour la majorité des gens, il est préférable de manger, chaque jour, les 2 à 4 portions de fruits et les 3 à 5 portions de légumes recommandées, plutôt que de manger des produits biologiques en plus petites quantités.

La viande et le poisson devraient être achetés frais et sans traitement, mais ils peuvent être congelés s'ils sont de bonne qualité. Les étiquettes des aliments ne sont pas toujours précises, essayez donc d'éviter tous les aliments préparés, même ceux dont l'étiquette indique qu'ils ne contiennent pas d'additifs. Il se peut aussi que ces aliments contiennent des produits qui ne font pas partie du régime proposé. Même si les fromages, le lait et les œufs produisent souvent des intolérances alimentaires, ils sont autorisés aux premières étapes du régime, sauf les fromages bien faits qui peuvent contenir de l'**histamine** (p. 73).

Vous pouvez manger la plupart des aliments de base pendant les premières étapes du régime, car ils ne contiennent pas d'additifs. Cependant, les céréales et les farines blanches, incluant les pâtes et le riz, devraient être remplacées par des produits et des céréales à grains entiers parce qu'ils sont plus riches en minéraux essentiels et en vitamines. Les biscuits sucrés sont exclus, mais, au début, les gâteaux de riz et le pain suédois de grains entiers sont permis. Assurez-vous que les céréales que vous mangez au petit-déjeuner ne contiennent ni sucre ni édulcorant, même du miel.

Achetez des fèves et des lentilles sèches plutôt qu'en conserve. Les lentilles cuisent très rapidement, sont nourrissantes et nutritives lorsqu'on les utilise dans des sauces et lorsqu'on les ajoute aux pâtes et aux soupes. Même s'il faut d'abord faire tremper les fèves, vous pouvez les faire cuire en vrac et congeler celles qui restent dans des emballages de dimensions appropriées pour vous en servir plus tard. Si elles vous donnent des gaz, **faites-les germer** pendant quelques jours avant de les faire cuire (p. 92). Voir aussi, la lectine, p. 73.

Avant de commencer

Courage, très peu de personnes doivent suivre le régime au complet. À la fin des deux étapes du mini-régime d'élimination, les gens se portent, en général, bien mieux et leurs symptômes sont maîtrisés.

Cependant, même ces étapes exigent un effort et, habituellement, on ne souhaite pas s'y attaquer plus d'une fois. Il faut donc consacrer du temps à leur préparation. La première étape, la plus importante, est de revenir à la première section de cet ouvrage et de vous assurer que vous avez pris les mesures suggérées pour votre maladie. Cela peut vous paraître évident, mais si ces mesures améliorent, même légèrement, votre état, vous devriez, pour obtenir les meilleurs résultats possibles, y rester fidèles pendant que vous suivez le régime. Il est possible que vous n'ayez pas à suivre le régime éternellement, mais si vous cessez au moment où vous commencez à modifier votre diète,

tout changement à vos symptômes sera difficile à interpréter. Comme vous devrez peut-être suivre le régime pendant 2 ou 3 mois, il est préférable de ne pas commencer juste avant Noël, avant les vacances ou une fête de famille. En effet, les résultats obtenus seront meilleurs si vous êtes aussi stricts que possible ; vous devriez donc éviter de commencer le régime à une période où ce serait difficile. Ne considérez pas la période d'attente comme du temps perdu, de nombreuses personnes bénéficient plus qu'elles ne le prévoyaient d'un **régime sain** (p. 106-113). D'autres trouvent qu'elles apprennent davantage sur l'influence des aliments sur leur santé en tenant un journal (voir ci-dessous).

Une fois que vous avez décidé de suivre le régime, consultez votre médecin et décrivez-lui vos symptômes. Demandez-lui de faire les bilans nécessaires

TENEZ UN JOURNAL DES ALIMENTS, DE VOS HUMEURS ET DE VOS SYMPTÔMES

Pour franchir les étapes du régime, il est essentiel de prendre des notes. Le fait de noter les aliments que vous mangez, vos humeurs et vos symptômes vous aidera à découvrir quels aliments sont responsables de vos symptômes et à mesurer vos progrès. Si possible, commencez à tenir votre journal environ une semaine avant de commencer le régime. Il est quelquefois difficile de se souvenir comment on se sentait quelques semaines auparavant. Votre journal vous rafraîchira la mémoire et vous aidera à apprécier vos progrès, même s'ils paraissent lents. Il n'est pas nécessaire de tenir un journal très élaboré – un cahier d'exercices est suffisant –, mais il faudra faire trois colonnes pour noter :

- La date et l'heure.
- Ce que vous mangez et ce que vous buvez.
- Comment vous vous sentez au moment où vous mangez et quand vous buvez ainsi que les symptômes qui surviennent à d'autres moments. Pesez-vous quotidiennement et notez votre poids, de préférence nus ou en vêtements de nuit, à votre lever le matin, et une fois votre vessie vide.

pour exclure, d'une part, un diagnostic différent et, d'autre part, d'autres maladies qui pourraient l'amener à vous déconseiller de suivre ce régime. Généralement, il est préférable d'éviter de prendre des médicaments qui ne sont pas essentiels pendant que vous suivez le régime. Consultez donc votre médecin si vous prenez des **médicaments d'ordonnance,** incluant, pour les femmes, la pilule anticonceptionnelle (p. 94).

Cessez de fumer

Il n'y a pas d'intérêt à essayer d'améliorer votre santé en continuant à vous empoisonner avec votre propre fumée de cigarette, ou, dans le cas de la fumée passive, avec la fumée d'autres personnes.

Les symptômes de sevrage

Au début, lorsque vous arrêtez de manger des aliments auxquels vous êtes intolérants, vos symptômes peuvent être accentués ou vous pouvez développer de nouveaux symptômes comme la fatigue, la dépression, des douleurs musculaires et des maux de tête. Ces symptômes peuvent durer jusqu'à dix jours, mais les plus graves prennent habituellement fin après quatre jours. Chez certaines personnes, la perte d'eau entraîne une perte de poids. Même si ces symptômes sont quelquefois désagréables, on peut les considérer comme positifs. Lorsqu'ils disparaissent, vous vous portez probablement bien mieux.

Vous pouvez réduire l'importance de ces symptômes de sevrage en :

- **Renonçant à la caféine** (p. 59 et 73) et au sucre (p. 57) avant d'entreprendre le régime.
- **Buvant davantage d'eau** (p. 106).
- **Vous reposant davantage.**
- **Prenant davantage de vitamine C,** par exemple, 250 mg 2 fois par jour (pas à l'heure du coucher, puisqu'elle peut vous empêcher de dormir).
- **Prenant souvent des bains chauds** (pas brûlants) ou des douches si l'odeur de votre sueur est désagréable.

Excluez le sucre raffiné

De nombreuses personnes ressentent des symptômes désagréables lorsqu'elles cessent de consommer du sucre raffiné. Le corps absorbe rapidement le sucre raffiné, mais, parce qu'un excès de sucre peut être nocif, il produit aussi une poussée d'insuline pour contrôler le taux de sucre dans le sang. Jusqu'à un certain point, le corps s'habitue à la quantité de sucre que nous consommons quotidiennement et, lorsque l'on cesse soudainement d'en consommer, le corps produit alors, pendant quelques jours, un excédent d'insuline, jusqu'à ce qu'il s'adapte à son nouveau régime. En plus, chez les personnes intolérantes au sucre, on assiste à un phénomène de dépendance, car il semble que nous ayons une très grande envie des aliments auxquels nous sommes intolérants. C'est pour ces deux raisons que le goût pour le sucre risque d'être très fort.

On peut choisir de mettre fin à l'inconfort, rapidement et une fois pour toutes, en excluant tout simplement le sucre ou l'on peut cesser d'en manger petit à petit, en prolongeant l'expérience tout en ressentant des symptômes moins aigus. On peut soulager les symptômes en mangeant davantage d'aliments de grains entiers, des fèves et des lentilles qui contribuent à stabiliser le taux de sucre dans le sang. Si vous êtes désespérés, mangez de 85 à 115 g (3 à 4 oz) de fruits (pas de jus) qui relâchent leurs sucres lentement comme une orange, une prune, une pomme, une poire, un pamplemousse ou des cerises.

Les étapes du régime pour un végétarien

Si vous êtes végétarien, il est important, lorsque vous adoptez le régime, de consommer suffisamment de protéines. Les protéines animales que mangent les végétariens proviennent généralement du lait et, quelquefois, des œufs. Malheureusement, ce sont souvent ces aliments mêmes qui sont la cause des intolérances alimentaires et qui sont donc exclus à certaines étapes du régime. Les sources végétales de protéines, à l'exception des fèves de soya, du quinoa et du millet, ne contiennent pas tous les **acides aminés** (p. 107) dont les végétariens ont besoin. Il est donc important

---

LES ALIMENTS À ÉVITER

Les aliments qui contiennent du sucre :

- **le sucre blanc et le sucre brun,** le sirop de maïs, la mélasse, le sirop d'érable et le malt ;
- **l'édulcorant d'orge** (édulcorant macrobiotique) ;
- **les confitures,** incluant confitures, marmelade et gelées « sans sucre ajouté » ;
- **les chutneys et les cornichons ;**
- **les gâteaux, les biscuits, la crème glacée et les puddings ;**
- **le chocolat, les sucreries** et les confiseries, incluant les pastilles pour la toux et les maux de gorge ;
- **les boissons gazeuses, les sirops de fruits et les boissons alcoolisées ;**
- **tous les aliments contenant du sirop de maïs, du dextrose, du glucose, du maltose, du saccharose ou du lactose** (sauf quand ces produits sont dans le lait et les produits laitiers) ;
- **les fèves au lard,** incluant celles qui sont étiquetées « sans sucre ajouté » ;
- **le beurre d'arachide,** sauf s'il est « sans sucre » ;
- **les soupes préparées** et les pains de viande ;
- **certains médicaments** comme les sirops et les comprimés enrobés de sucre. Si nécessaire, vérifiez auprès de votre pharmacien.

LES SOURCES DE PROTÉINES VÉGÉTALES

Les céréales à grains entiers : entre autres, le blé, l'orge, l'avoine, le seigle, le maïs, le riz, le quinoa, le millet et le sarrasin.

Les légumes secs, incluant tous les types de pois, de fèves et de lentilles ainsi que les arachides.

Les noix, comme les noisettes, les amandes, les noix de pécan, les noix de macadamia, du Brésil, de Grenoble et de hickory, les noix cendrées et les pignons.

Les graines de citrouille, de sésame et de tournesol.

---

pour les végétariens de manger, au moins deux fois par jour, sinon à chacun des repas, des protéines provenant de deux sources.

Les végétariens ne devraient pas tenter de suivre le régime d'élimination au complet sans avoir consulté un spécialiste, puisqu'il faut se baser sur les besoins de chaque personne pour décider quels aliments contenant des protéines doivent faire partie de la diète.

Le mini-régime d'élimination

PREMIÈRE ÉTAPE

LE MINI-RÉGIME D'ÉLIMINATION EST EN DEUX ÉTAPES. C'EST UNE APPROCHE STRUCTURÉE POUR EXCLURE LES ALIMENTS QUI SONT LES PLUS SUSCEPTIBLES DE CAUSER UNE INTOLÉRANCE ALIMENTAIRE.

Pendant la première étape, le sucre, la caféine, l'alcool et de nombreuses substances chimiques ajoutées sont exclus. Sauf si vous avez déjà renoncé au **sucre** et à la **caféine** (p. 57 et 73), ce sera un changement majeur à votre régime et votre système digestif mettra sans doute quelque temps à s'adapter. Si vous avez des **symptômes de sevrage,** suivez les conseils donnés aux p. 55-56. Si vous ne mangez que peu d'aliments préparés ou si vous n'ingérez que peu de caféine, de sucre raffiné et d'alcool, vous pourriez, si vous le voulez, passer immédiatement à la deuxième étape. Vous obtiendrez de meilleurs résultats si vous suivez très strictement votre diète. Si vous vous en écartez, il se peut que vos symptômes réapparaissent.

LES ALIMENTS AUTORISÉS

- **Tous les aliments frais, la viande non préparée, le poisson et les œufs.**
- **Les fèves et les lentilles :** si elles vous donnent des gaz, faites-les germer avant de les cuire (p. 73 et 92).
- **Tous les fruits et les légumes,** sauf l'ananas et la papaye.
- **Toutes les céréales,** incluant le riz, le blé, l'avoine, l'orge, le maïs, le sarrasin, le seigle, le millet et le quinoa. Pour les céréales qui ne sont pas courantes, voir p. 68.
- **Les pains à grains entiers,** les pains suédois et les biscuits comme les biscuits de riz et de seigle.
- **Les pâtisseries maison sans sucre** comme les pains plats, les pains suédois (p. 63), et les crêpes écossaises (p. 62). Utilisez des farines à grains entiers.
- **Toutes les graines et les noix.**
- **Le lait, le beurre, les fromages à pâte dure** et les autres produits laitiers.
- **Les jus de légumes** et les jus de fruits frais dilués et non sucrés.
- Les **tisanes** vendues dans le commerce ou les infusions d'herbes ou d'épices.

LES ALIMENTS À ÉVITER

- **La caféine :** pas de thé, pas de café, ni de boisson au chocolat ou à base de cola (y compris les préparations décaféinées), ni d'analgésiques contenant de la caféine. Si vous prenez habituellement de la caféine plusieurs fois par jour, répartissez le sevrage sur une semaine ou deux pour éviter les symptômes de sevrage. Les tisanes sont autorisées, sauf le maté, le thé Redbush, au jasmin, de Gunpowder et autres thés verts.
- **Le sucre :** voir liste, p. 57.
- **Les boissons alcoolisées :** les bières et les vins sans alcool et tout aliment cuit dans l'alcool. On peut manger des cornichons vinaigrés et sans sucre une ou deux fois par semaine.
- **Tous les édulcorants artificiels :** lisez attentivement les étiquettes des aliments. Les édulcorants sont souvent ajoutés aux mets préparés comme les yogourts aux fruits et les boissons sans sucre.
- **Tous les aliments contenant des additifs,** des agents de conservation et des aromatisants, des arômes artificiels, des épaississants, des émulsifiants et des stabilisants. Certains additifs sont d'origine naturelle, mais à ce stade, il est plus simple de tous les exclure (voir aussi p. 38). Il faut donc éviter le bacon, le jambon, le corned-beef et toutes les viandes fumées.
- **Les fromages bien faits ou les fromages bleus.**
- **Tous les aliments à emporter ou qui proviennent d'un restaurant minute.**
- **Les aliments qui provoquent le syndrome de l'intestin perméable** (p. 44) dont les aliments très épicés, l'ananas cru, la papaye, l'aspirine, l'ibuprofène et autres analgésiques anti-inflammatoires non stéroïdes. Consultez votre médecin avant de cesser de prendre des médicaments qu'il a prescrits.
- **Le son :** si vous prenez habituellement du son pour prévenir la constipation, réduisez la quantité graduellement en même temps que vous augmentez la quantité de fruits et de légumes consommés. Si nécessaire, prenez des graines de lin ou du psyllium avec beaucoup d'eau.

QUE FAIRE ENSUITE ?

Après un mois, vous pouvez évaluer vos progrès.

Qu'en est-il de vos symptômes ?

Ça va beaucoup mieux : Réintroduisez graduellement les aliments que vous avez exclus (p. 98-101).

Ça va un peu mieux ou c'est resté stable : si vous pensez que vous souffrez de **candidose** (p. 44), passez à l'étape suivante du **régime de la candidose** (p. 70) ou alors passez à l'étape suivante du mini-régime d'élimination (p. 60).

Ça va plus mal : si vous preniez une grande quantité de caféine, d'alcool ou de sucre et que vous l'avez exclue, continuez le régime de la première étape pendant environ 2 semaines pour vous assurer que vous ne ressentez pas encore de symptômes de sevrage. Si vous avez ajouté de nouveaux aliments à votre diète, il se peut que vous y réagissiez. Excluez-les complètement, un à la fois, pendant 5 jours et mangez-en ensuite une portion raisonnable pour voir si vous avez les mêmes symptômes ou si votre **pouls augmente** (p. 98). Continuez à exclure tout aliment auquel vous avez réagi. Continuez ensuite à suivre le régime de la première étape pendant 2 à 4 semaines. Par la suite, réévaluez votre progrès. Si vos symptômes ne se sont pas atténués le moindrement, consultez votre médecin.

Le mini-régime d'élimination

DEUXIÈME ÉTAPE

MÊME SI LA DEUXIÈME ÉTAPE DU MINI-RÉGIME D'ÉLIMINATION EST PLUS RESTRICTIVE, VOUS POUVEZ MANGER UNE FOULE D'ALIMENTS DIFFÉRENTS. IL FAUT QUE VOUS ESSAYIEZ D'OBSERVER UNE DIÈTE AUSSI VARIÉE QUE POSSIBLE, MAIS QUE VOUS LA SUIVIEZ TRÈS STRICTEMENT ET QUE VOUS TENIEZ VOTRE JOURNAL. SI VOUS CONTINUEZ À PERDRE DU POIDS APRÈS LE PREMIER OU LE DEUXIÈME JOUR, VOUS NE MANGEZ PROBABLEMENT PAS ASSEZ.

À LA PLACE DU PAIN, ESSAYEZ PLUTÔT LES CRÊPES ÉCOSSAISES OU LES PAINS SUÉDOIS (p. 62-63), MAIS UTILISEZ DE L'HUILE PLUTÔT QUE DU BEURRE POUR LES PAINS SUÉDOIS DE MARRONS OU DE SARRASIN. SI VOUS N'AIMEZ PAS LE LAIT DE BREBIS OU DE CHÈVRE, ESSAYEZ LE LAIT DE NOIX OU DE RIZ. VOUS ÊTES LIBRES D'AJOUTER DES ARÔMES COMME DU SEL OU DU JUS DE FRUITS FRAIS.

LES ALIMENTS AUTORISÉS

- **Toutes les viandes ou les volailles fraîches et non préparées,** sauf le bœuf et le poulet (p. 76).
- **Tous les poissons frais,** sauf les mollusques et les crustacés (p. 78).
- **Les fèves, les lentilles et leurs farines** (sauf celles qui sont à base de soya).
- **Tous les légumes,** sauf ceux de la famille des solanacées et des liliacées (p. 78). Si vous perdez du poids ou que vous avez faim, il vous faudra vous aventurer et essayer de nouveaux légumes, surtout les féculents comme le panais, la citrouille et les patates douces.
- **Tous les fruits,** sauf les agrumes (p. 76), les papayes et les ananas.
- **Le sarrasin, le quinoa, le sagou, le tapioca, l'arrow-root, les châtaignes, le riz** (sauf le riz sauvage), incluant toutes les farines ou les pâtes à base de ces plantes (voir aussi p. 68, les substituts des aliments exclus).
- **Toutes les noix et les graines** que vous ne mangez pas souvent.
- **Le lait, le fromage et le yogourt de chèvre et de brebis,** le lait de coco et les laits à base de noix que vous ne mangez pas souvent (recettes ci-contre).
- **De l'eau filtrée** ou une eau de source non gazéifiée, de préférence dans une bouteille de verre.
- **Les jus de légumes** et de fruits autorisés, frais non sucrés et dilués.
- **L'huile d'olive ou de canola** pour cuisiner ; l'huile d'olive, de tournesol ou de carthame pour les vinaigrettes.
- **Le sel de mer, les épices et les fines herbes,** en quantité modérée.

LES LAITS

Les laits de noix

Ils sont très faciles à faire, mais leur texture et leur goût varient selon le type de noix utilisé. Les noix tendres comme les pignons, les noix, les noix de pécan, les amandes et les pistaches donnent des laits onctueux et faciles à réduire en purée. Il faut un certain temps pour liquéfier les noix plus dures comme les noisettes et les noix du Brésil et cela peut abîmer votre robot culinaire. Généralement, il faut 200 ml (¾ tasse) d'eau pour chaque 115 g (4 oz) de noix ; si possible, enlever la pellicule. Si vous souhaitez obtenir de la crème, réduisez l'eau du tiers.

Le lait d'avoine

Le goût du lait d'avoine ressemble à celui du porridge liquide – excellent si vous aimez le porridge. Sinon, vous pouvez le verser sur vos céréales, plutôt que de le boire nature.

25 g (1 oz) de flocons d'avoine
575 ml (2 ¼ tasses) d'eau
Une pincée de sel (facultatif)
1 c. à café (1 c. à thé) de miel (facultatif)

Mettez les flocons d'avoine dans une casserole avec l'eau et le sel, puis portez à ébullition. Laissez mijoter pendant 10 min et liquéfiez le tout dans un robot culinaire ou dans un mélangeur. Si nécessaire, sucrez avec le miel, puis refroidissez.

Le lait de riz

Le temps de cuisson nécessaire pour faire du lait de riz varie selon le type de riz utilisé. Cette recette s'applique à du riz brun à grains longs. Si vous utilisez du riz blanc, réduisez la quantité de liquide et le temps de cuisson.

25 g (1 oz) de riz brun à grains entiers
850 ml (3 ½ tasses) d'eau
Une pincée de sel

Mettez le riz, l'eau et le sel dans une casserole et portez à ébullition. Laissez mijoter sans couvrir de 40 à 60 min ou jusqu'à ce que le riz soit plutôt tendre. Liquéfiez le tout dans un mélangeur ou un robot et refroidissez.

LES ALIMENTS À ÉVITER

Continuez à proscrire les aliments exclus à la première étape, plus les suivants :

- Toute la famille des graminées (p. 78), incluant les farines et les pâtes à base de graminées et tous les aliments auxquels on a ajouté de l'amidon.
- Le lait de vache et les produits laitiers.
- Le soya et les produits à base de soya.
- Les œufs.
- Les aliments contenant de la levure, les aliments fermentés et les champignons (p. 70).
- Les arachides et les huiles de noix et d'arachide.
- Tous les aliments que vous mangez quotidiennement ou presque tous les jours et les aliments pour lesquels vous ressentez une envie insatiable.
- Tous les aliments qui pourraient être la cause de vos symptômes ou auxquels un membre de votre famille est intolérant.
- L'eau du robinet.

De nombreux aliments auxquels il faut que vous renonciez sont présents dans les aliments préparés. Consultez la liste des aliments qui contiennent souvent des aliments cachés (voir p. 67), comme le blé, le maïs, le soya, le lait, les œufs et les arachides.

Des suggestions de petits-déjeuners

Le petit-déjeuner peut poser des difficultés pendant la deuxième étape du mini-régime d'élimination. Voici quelques idées :

- Un porridge de quinoa avec du lait et des fruits permis.
- Du jus de carotte avec des pâtes de sarrasin et des tomates cuites ainsi que du fromage râpé.
- Des crêpes écossaises ou des pains suédois accompagnés de fruits cuits.
- Des restes de riz frit avec des oignons et des épices ainsi que de la salade de fruits.

DES SUGGESTIONS DE REPAS LÉGERS

- De la soupe de légumes et de lentilles accompagnée de pains suédois de tapioca.
- Une salade d'avocat et de thon accompagnée d'une crème de banane et de lait de noix.
- Des charcuteries (provenant du commerce) accompagnées d'une salade et d'un jus de légumes.
- Des pains suédois de farine de pois chiches accompagnés d'hoummos (purée de pois chiches) et de salade de fruits.

Si vous faites des pains suédois, vous trouverez sans doute pratique d'en faire de grandes quantités, car ils se conservent plusieurs jours dans une boîte en métal hermétique. Vous pouvez varier la texture et la saveur des pains en leur ajoutant des graines (pavot, sésame ou tournesol), des herbes ou des épices. Si vous en faites pendant que vous suivez la diète en rotation, vérifiez quels sont les aromatisants permis.

LES CRÊPES ÉCOSSAISES

55 g (2 oz) de farine de pois chiches

55 g (2 oz) de farine de riz brun

1 c. à café (1 c. à thé) comble de levure sans blé ni gluten

Une pincée de bicarbonate de soude

Une pincée de crème de tartre

1 c. à soupe de l'huile permise

75 ml (⅓ tasse) de lait ou d'eau permis

Donne environ 15 crêpes écossaises

Tamisez la farine et mélangez-la, dans un bol, avec les autres ingrédients secs. Creusez une fontaine et versez-y l'huile et le lait ou l'eau et, avec une cuillère de bois, mélangez jusqu'à l'obtention d'une pâte onctueuse. Laissez reposer pendant au moins 15 min. À l'aide d'un papier enduit d'huile, huilez une plaque ou une poêle antiadhésive. Chauffez ensuite la poêle jusqu'à ce que l'huile fume. À l'aide d'une petite louche, déposez des cuillerées combles du mélange dans la poêle – trois ou quatre à la fois. Cuisez les crêpes pendant environ 1 min ou jusqu'à ce que de petites bulles apparaissent, puis retournez-les pour cuire l'autre face. Servez immédiatement les crêpes seules ou avec du bacon grillé, du sirop d'érable ou encore avec ce que vous aimez, mais choisissez quelque chose qui fait partie des aliments permis.

LES PAINS SUÉDOIS

LES PAINS SUÉDOIS DE SARRASIN

(Jours 1 et 2 de la diète en rotation)

55 g (2 oz) de farine de sarrasin

2 c. à soupe d'huile d'olive

1 c. à soupe d'eau

Une pincée de sel (facultatif)

Cuisez 15 min.

LES PAINS SUÉDOIS DE MARRONS

(Jours 1 et 2 de la diète en rotation)

55 g (2 oz) de farine de marron

2 c. à soupe d'huile de tournesol

2 c. à soupe d'eau

Une pincée de sel (facultatif)

Cuisez de 10 à 12 min.

LES PAINS SUÉDOIS DE TAPIOCA

(Jours 3 et 4 de la diète en rotation)

55 g (2 oz) de farine de tapioca

1 c. à soupe d'huile de canola

1 c. à soupe d'eau

Une pincée de sel (facultatif)

Cuisez de 11 à 12 min.

LES PAINS SUÉDOIS DE FARINE DE POIS CHICHES

(Jours 5 et 6 de la diète en rotation)

55 g (2 oz) de farine de pois chiches

1 c. à soupe d'huile de sésame

1 c. à soupe d'eau

Une pincée de sel (facultatif)

Cuisez 10 min.

LES PAINS SUÉDOIS DE FARINE DE MAÏS

(Jours 7 et 8 de la diète en rotation)

55 g (2 oz) de farine de maïs

1 c. à soupe d'huile de maïs ou d'huile de noix

1 c. à soupe d'eau

Une pincée de sel (facultatif)

Cuisez de 10 à 12 min.

Puisque les farines utilisées contiennent différents glucides (amidon), elles réagissent de manières différentes lorsqu'on les cuit. Il faut donc modifier la quantité de liquide et le temps de cuisson selon la farine utilisée.

Les recettes ci-contre conviennent à la deuxième étape du mini-régime d'élimination, mais peuvent aussi convenir à la diète en rotation (p. 74-93).

DONNE ENVIRON 5 PAINS SUÉDOIS

Préchauffez le four à 200 °C (400 °F).

Mélangez l'huile à la farine, ajoutez ensuite l'eau et le sel (facultatif). Pétrissez doucement pour obtenir une boule. Farinez légèrement une surface de travail et abaissez la pâte jusqu'à ce qu'elle soit mince. En utilisant un verre, découpez de 4 à 6 pains suédois et posez-les sur une tôle à biscuits. Cuisez-les ensuite au four selon le temps indiqué.

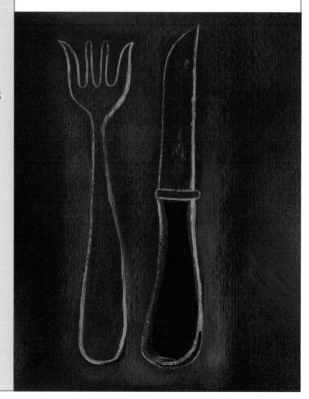

Des suggestions de plats principaux

- Porc frit et légumes divers, germes de haricot (p. 92) et riz ou quinoa.
- Viande de gibier, chou rouge et panais grillé.
- Poisson grillé, patates douces au four et haricots verts.
- Pâtes de sarrasin, agneau rôti et brocoli.

AGNEAU, PATATES DOUCES ET ÉPINARDS

2 c. à soupe d'huile d'olive

1 kg (2 ¼ lb) de patates douces pelées et émincées

255 g (9 oz) d'épinards frais bien nettoyés

3 brins de romarin frais

Sel de mer et poivre noir du moulin

½ gigot d'agneau d'environ 1 kg (2 ¼ lb)

POUR 4 PERSONNES

Préchauffez le four à 180 °C (350 °F).

Versez l'huile d'olive dans une casserole à fond épais juste assez grande pour contenir l'agneau et couvrez avec les patates douces. Hachez grossièrement les épinards et parsemez-en les patates. Disposez deux brins de romarin sur les épinards, puis assaisonnez légèrement. Disposez l'agneau sur les légumes, placez dessus les autres brins de romarin et ajoutez ensuite de l'eau jusqu'aux trois quarts de l'agneau. Couvrez et mettez au four pendant 1 h 20.

Servez dans la casserole ou disposez l'agneau dans une assiette, puis entourez-le des légumes et des jus de cuisson. Servez seul ou avec un autre légume permis.

SAUMON AUX ENDIVES, À LA CITRONNELLE ET AU LAIT DE COCO

2 c. à soupe d'aramé

300 ml (1 ¼ tasse) de lait de coco

2 endives

4 brins de citronnelle

4 darnes de saumon

Sel et poivre noir du moulin

POUR 4 PERSONNES

Faites tremper l'aramé dans le lait de coco pendant 10 min. Entre-temps, émincez les endives et mettez-les dans une poêle juste assez grande pour contenir les darnes de saumon. Placez la citronnelle sur les endives et disposez les darnes dessus. Assaisonnez légèrement le lait de coco et versez-le avec l'aramé sur le saumon. Couvrez la poêle et cuisez à feu doux de 15 à 20 min ou jusqu'à ce que le saumon soit cuit. Retirez les darnes de saumon avec soin et disposez-les dans un plat de service chauffé. Ajoutez les endives et versez les jus de cuisson sur le saumon. Servez sans attendre avec un riz au jasmin et une salade verte.

LÉGUMES AU FOUR

2 c. à soupe d'huile d'olive

4 petites betteraves pelées

4 petits artichauts de Jérusalem parés et lavés

2 morceaux d'okra parés et émincés

2 poignées de haricots verts, parés et émincés

2 courgettes moyennes en tranches épaisses

25 g (1 oz) d'algue séchée (dulse, aramé ou kombu)

1 c. à soupe d'aneth séché

4 cœurs d'artichaut

2 c. à soupe de graines de citrouille

Sel de mer et poivre noir du moulin

Une poignée de persil frais haché

POUR 4 PERSONNES

Préchauffez le four à 190 °C (375 °F). Versez l'huile dans un plat allant au four juste assez grand pour contenir tous les légumes. Ajoutez les betteraves, les artichauts de Jérusalem et les courgettes. Bien mélanger. Ajoutez ensuite les algues, l'aneth et 4 c. à soupe d'eau. Couvrez et fermez hermétiquement avec du papier d'aluminium, puis cuisez, en brassant de temps à autre, pendant environ 40 min ou jusqu'à ce que les légumes soient presque cuits. Sortez du four et ajoutez les cœurs d'artichaut et les graines de citrouille, puis continuez la cuisson pendant encore 15 min. Assaisonnez au goût et servez saupoudré de persil.

QUE FAIRE ENSUITE ?

Un mois est maintenant passé et vous pouvez évaluer vos progrès.

Qu'en est-il de vos symptômes ?

Ça va beaucoup mieux : réintroduisez graduellement les aliments que vous avez exclus (p. 98).

Ça va mieux, mais certains symptômes persistent : vous avez probablement exclu la plupart des aliments qui causent vos problèmes, mais il y en a peut-être d'autres qui déclenchent vos symptômes. Testez les principaux aliments (p. 98-101) pour que vous puissiez ajouter assez rapidement d'autres aliments à votre diète. Cherchez ensuite dans votre journal des aliments ceux que vous avez mangés pendant tout ce temps, puis excluez-les, un à un, pendant 5 jours consécutifs avant de vous lancer le défi de les manger de nouveau. Si vous êtes intolérants à plusieurs aliments, songez à passer à la diète en rotation.

Vous avez les mêmes symptômes : si tel est le cas, vous n'avez aucune intolérance ou vous êtes intolérants à tellement d'aliments que l'exclusion n'est pas un choix valable. Suivez la diète en rotation (p. 82).

Si vous vous portiez mieux, mais que, maintenant, vous vous portez plus mal : cette situation est rare, mais laisse présager que vous devenez intolérants à de nouveaux aliments. Pour résoudre ce problème, passez à la diète en rotation (p. 82).

Les aliments cachés

LES ALIMENTS TRANSFORMÉS CONTIENNENT DE NOMBREUX ALIMENTS RESPONSABLES DES ALLERGIES OU DES INTOLÉRANCES ALIMENTAIRES. CEPENDANT, SI LE PRODUIT CONTIENT SEULEMENT UNE PETITE QUANTITÉ DE CET ALIMENT, IL N'EST PEUT-ÊTRE PAS INDIQUÉ SUR L'ÉTIQUETTE. IL EST IMPOSSIBLE DE DRESSER UNE LISTE COMPLÈTE DE CES ALIMENTS CACHÉS, MAIS LA LISTE QUI SUIT EST UN BON GUIDE.

On trouve les **œufs** dans les biscuits, les gâteaux, les porridges et dans les mélanges déjà préparés ; le glaçage des pains ; les pâtes et les nouilles aux œufs ; les crêpes ; les meringues ; les crèmes glacées ; les sucreries ; le café instantané ; le chocolat et les autres arômes des boissons lactées ; les vinaigrettes et les sauces crémeuses à salade ; les vins et les bières ; la levure chimique ; les glaçages et les lécithines. Sur les étiquettes, les œufs apparaissent sous le nom de vitelline, de livetine, d'ovovitelline, d'ovomucine, d'ovomucoïde et d'albumine.

Le soya est utilisé pour faire du pain et de l'huile végétale, certains types de protéines végétales texturées ou hydrolysées, de la lécithine et plusieurs plats végétariens préparés. Il sert aussi à la préparation du lait de soya, de la margarine, des crèmes glacées, du tofu, du miso et des sauces soya.

Les arachides. L'huile d'arachide peut être présente dans les huiles végétales, les cosmétiques, les crèmes pour les mamelons et les préparations de vitamine D. Certains types de noix sont souvent utilisés comme substituts d'autres types de noix.

Le maïs est utilisé pour produire de l'huile de maïs et d'autres huiles végétales avec lesquelles on fabrique des chips et des margarines. La farine de maïs est utilisée comme épaississant et peut être présente dans les aliments contenant de la fécule ou de la levure. Du sucre est aussi extrait du maïs et on le trouve dans des aliments qui contiennent du glucose, du dextrose et du sirop de maïs, incluant les boissons gazeuses et alcoolisées. La colle des timbres et des enveloppes ainsi que la « gomme végétale » qui sont parmi les ingrédients de certains aliments peuvent aussi être à base de maïs.

La levure et le sucre : pour les aliments contenant de la levure, voir p. 70. Pour ceux qui contiennent du sucre, voir p. 57. Vous trouverez à la p. 38, une liste des agents de conservation, des aromatisants, des colorants et des additifs.

Le lait est présent dans les aliments contenant du petit-lait, de la caséine, du lactose, du lactate, de la lactalbumine, des solides ou des matières grasses du lait. Certains comprimés et médicaments à inhaler contiennent du lactose.

On trouve du **blé** dans la plupart des aliments cuits au four comme le pain, les gâteaux, les biscuits, les pâtes et les croûtons. On en trouve aussi dans les céréales à base de blé ; les céréales et les pains suédois qui contiennent du son ou des germes de blé ; les viandes préparées comme les saucisses ; les aliments panés ou enrobés de pâte à frire ; la farce, les cubes de bouillon, les sauces, la levure ; de nombreux aliments en conserve et le poivre moulu. Il est possible que les galettes d'avoine ainsi que certaines marques de flocons d'avoine contiennent du blé. Les ingrédients appelés « liants de céréales », « agent de remplissage », ou « protéine » peuvent contenir du blé comme de nombreux aliments contenant de la fécule, sauf si l'étiquette indique « farine de maïs » ; souvent, le gluten est aussi dérivé du blé.

Choisir et utiliser des substituts des aliments exclus

LES ALIMENTS DE BASE COMME LE BLÉ, LES ŒUFS ET LE LAIT DE VACHE PEUVENT SOUVENT PROVOQUER DES INTOLÉRANCES ALIMENTAIRES. LORSQUE LES ALIMENTS DE BASE SONT BANNIS DU RÉGIME, IL EST IMPORTANT D'UTILISER DES SUBSTITUTS.

Les céréales qui remplacent le blé

Les céréales ci-dessous sont des sources d'énergie, de protéines et de minéraux.

L'amarante ne contient pas de gluten. On peut faire des gâteaux et des biscuits avec la farine et l'on peut cuire les graines et les utiliser comme céréales ou les ajouter à des ragoûts ou à des soupes. Les graines ont meilleur goût lorsqu'on les fait griller dans un poêlon pendant quelques minutes avant de les faire bouillir.

Avant de cuire le quinoa, il faut le rincer pour lui enlever son amertume. Vous pouvez l'utiliser sous forme de porridge ou comme substitut du riz.

Même si le sarrasin contient un peu de gluten, la plupart des personnes sensibles au blé peuvent le tolérer. On peut faire cuire les cosses et s'en servir comme substitut du riz. Lorsque le gruau est grillé, on l'appelle kasha. Si la graine a d'abord été grillée, la farine a un goût prononcé, mais pas dans le cas contraire. On peut en faire des **crêpes** (p. 83) et l'utiliser comme substitut du blé pour la pâtisserie. Les pâtes de sarrasin sont légères, se digèrent facilement et on peut les trouver dans le commerce.

Céréale	Nombre de mesures de céréales	Nombre de mesures d'eau	Temps de cuisson approximatif
amarante	1	1	20 min
gruau de sarrasin	1	2	15 min
millet	1	3	40 min
quinoa	1	2	15 min

Et le millet ?

Le millet est utile aux personnes qui ne tolèrent pas le gluten, mais, comme c'est une graminée, il faut l'associer à d'autres graminées dans la diète en rotation. Le grain entier, qu'on peut substituer au riz, a meilleur goût s'il est grillé pendant quelques minutes sans corps gras dans un poêlon. Les flocons de millet peuvent être cuits comme du porridge ou utilisés dans le muesli. Vous pouvez aussi acheter du millet gonflé et le manger comme céréale au petit-déjeuner. La farine est plutôt granuleuse, comme la farine de maïs, et peut être utilisée pour faire des muffins ou pour enrober la viande, le poisson ou les légumes avant de les frire.

Les autres farines

Les farines de graminées à base de pois chiches peuvent être utilisées pour faire des crêpes. Plusieurs autres types de farine qui ne sont pas à base de céréales, comme la farine de pomme de terre, de patate douce, de sagou, de tapioca, de châtaignes d'eau et d'arrow-root, peuvent être utilisées comme agents épaississants ou, dans certaines recettes, comme substituts de farines courantes.

Pour lier des mélanges, remplacez chaque œuf par :

- 1 c. à café (1 c. à thé) de gélatine dissoute dans 2 c. à soupe d'eau bouillante ; refroidissez jusqu'à ce que le mélange épaississe et battez jusqu'à ce qu'il mousse ;
- 2 c. à soupe de tofu ; évitez le tofu si vous êtes intolérants aux fèves soya ;
- 2 c. à soupe de purée de fruits épaisse ;
- ou remplacez une partie du liquide du mélange par 25 g (1 oz) de graines de lin bouillies dans 250 ml (1 tasse) d'eau pendant 15 min, puis refroidissez.

Comme solution de rechange aux agents levants, utilisez 1 c. à café (1 c. à thé) de levure chimique sans fécule ou 1 c. à café (1 c. à thé) de vinaigre (s'il fait partie des aliments permis) pour chaque œuf que vous remplacez.

Cuisinez sans œufs

Les protéines que contiennent les œufs, même les œufs d'une autre espèce de volatile, se ressemblent toutes. En cuisine, les œufs sont utilisés pour lier ou épaissir divers ingrédients, ou encore pour aérer certains mélanges. Parmi les substituts que l'on peut utiliser figurent les substituts que l'on trouve dans le commerce. Si vous décidez d'utiliser ces agents de remplacement, suivez toujours le mode d'emploi sur l'emballage et lisez bien l'étiquette pour vous assurer qu'ils ne contiennent aucun œuf ou type de farine exclue de votre diète.

Le régime de la candidose

SI VOUS CROYEZ QUE VOUS AVEZ UN PROBLÈME DE CANDIDOSE (p. 44), VOUS DEVRIEZ D'ABORD SUIVRE LA PREMIÈRE ÉTAPE DU MINI-RÉGIME D'ÉLIMINATION (p. 58). POUR LA PLUPART DES GENS AFFECTÉS, D'AUTRES MODIFICATIONS AU RÉGIME ALIMENTAIRE SONT INUTILES, MAIS IL SERA PEUT-ÊTRE NÉCESSAIRE DE CONTINUER LA DIÈTE PENDANT UNE PÉRIODE ALLANT JUSQU'À 3 MOIS.

DES ALIMENTS CONTENANT DES LEVURES ET DES MOISISSURES

- **Le pain,** incluant le pain pita, le pain au levain et la pâte à pizza. Habituellement, le pain levé au bicarbonate de soude ne contient pas de levure, mais vérifiez sur l'étiquette, puisque la levure peut être utilisée comme agent secondaire. De plus, certaines personnes sont sensibles au lait suri. On en trouve par exemple dans les petits pains au lait et les gâteaux au levain comme les beignets et les chaussons aux fruits.

- **L'extrait de levure** et la plupart des cubes de bouillon.

- **Tous les aliments qui contiennent des protéines végétales hydrolysées ou du levain.**

- **La bière, le vin, le cidre** et, à moindre titre, le whisky, le brandy et autres spiritueux.

- **Le vinaigre** (sauf les vinaigres d'alcool) et les cornichons (utilisez du jus de citron frais dans les vinaigrettes).

- **La choucroute.**

- **Les suppléments vitaminiques,** sauf s'ils sont « sans levure ».

- **Les fruits séchés, trop mûrs ou qui ne sont pas pelés,** ainsi que les olives, les melons (frais ou séchés), la noix de coco, les arachides et les produits à base d'arachides déshy-

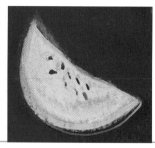

dratées, parce qu'ils moisissent facilement. Si possible, les noix devraient être fraîchement décortiquées ou achetées dans un magasin qui en écoule beaucoup, puis gardées congelées.

- **Les jus de fruits que l'on trouve dans le commerce.**

- **Les aliments contenant du malt.**

- **La crème synthétique** et les produits laitiers fermentés.

- **Les aliments fumés.**

- **La sauce soya,** shoyu, etc. Lisez bien les étiquettes des autres sauces qui pourraient contenir des produits fermentés.

- **Les restes alimentaires** qui séjournent à la température ambiante pendant plus de 24 h ou plus de 48 h dans un réfrigérateur (utilisez plutôt le congélateur).

- **Les champignons** comestibles.

- **Le Quorn** et les mycoprotéines.

- **Les fromages bleus** ou affinés comme le brie et le camembert.

- **Les fines herbes séchées** peuvent aussi contenir des moisissures. Si possible, utilisez des herbes fraîches.

Si vous suivez la première étape du mini-régime d'élimination pendant 4 à 6 semaines et que vous ne faites pas suffisamment de progrès, vous devriez faire les changements supplémentaires suivants à votre diète :

- **Assurez-vous que vous avez rigoureusement banni le sucre raffiné** (p. 57).
- **Bannissez toutes les levures et les moisissures** (p. 70). Même si vous tolérez peut-être certains de ces aliments, il est difficile, à ce stade, de déterminer lesquels (voir aussi p. 27).
- **Assurez-vous de ne manger aucun aliment contenant des glucides raffinés** (p. 108) et évitez de manger trop de glucides de grains entiers. Pour éviter d'avoir faim, il faut peut-être que vous mangiez davantage de viande maigre, de poisson, de légume à feuilles vertes et de yogourt nature sans sucre.
- **Limitez la quantité de fruits frais** à deux par jour et évitez ceux qui sont très sucrés ou trop mûrs. Mangez chaque jour de 3 à 6 portions de légumes frais (p. 108). Vous pouvez occasionnellement

vous gâter en buvant de petites quantités de jus de fruits que vous venez de préparer et que vous aurez dilué avec une quantité égale d'eau.

- **Sauf si vous faites des infusions de plantes médicinales fraîches, limitez les infusions d'herbes** à 500 à 750 ml (2 à 3 tasses) par jour parce que, jusqu'à un certain point, toutes les herbes séchées contiennent des moisissures. Buvez au moins 8 verres d'eau par jour ; l'eau chaude peut vous réconforter, surtout s'il fait froid.
- **Évitez de boire de grandes quantités de lait** parce que le lait (pas le yogourt) contient un sucre, le lactose. Il est nécessaire de bannir le lait seulement si vous ne le tolérez absolument pas.
- **Songez à suivre un cours sur les aliments prébiotiques et probiotiques** (p. 112).

QUE FAIRE ENSUITE ?

Après trois mois, évaluez vos symptômes. Comment vous portez-vous ?

Vraiment bien mieux : commencez à tester votre réaction à des aliments qui contiennent de la levure et des moisissures (p. 98-101). Vous pouvez réintroduire un peu de sucre, mais il est possible que vous fassiez une rechute si vous en mangez trop.

Mieux, mais pas encore bien : le progrès peut être lent, continuez à suivre la diète pendant encore trois mois. Si, après cette période, vous ne vous portez pas mieux, il est possible que vous fassiez une intolérance alimentaire, donc, passez à la deuxième étape du mini-régime d'élimination. (p. 60).

Vous avez fait très peu de progrès : le problème n'est probablement pas la candidose ni la dysbiose, vous devriez donc consulter votre médecin, puisqu'il est possible que vous ayez une maladie qui n'a aucun rapport avec la candidose. Si ce n'est pas le cas, passez à la deuxième étape du mini-régime d'élimination (p. 60), car vous faites peut-être une intolérance alimentaire.

Les réactions alimentaires non allergènes

MÊME LES PLANTES MÉDICINALES UTILISÉES DEPUIS DES MILLÉNAIRES PEUVENT CAUSER DES RÉACTIONS SIMILAIRES À CELLES DES ALLERGIES. CERTAINES PLANTES QUE NOUS MANGEONS PROVOQUENT AUSSI DES RÉACTIONS SIMILAIRES.

Les salicylates

Auparavant extraite des saules, l'aspirine est maintenant manufacturée. De nombreuses autres plantes, incluant celles que nous mangeons sous forme d'aliments, contiennent des substances très similaires que l'on connaît sous le nom de salicylates. Chez des personnes sensibles, ces substances peuvent causer de l'**urticaire** (p. 20), des **rhinites** et des polypes nasaux (p. 28-29) ainsi que de l'**asthme** (p. 30).

Pour tester vos réactions aux salicylates, excluez pendant 2 semaines les aliments qui en contiennent beaucoup (encadré ci-contre) et évitez l'aspirine et les autres médicaments anti-inflammatoires apparentés (vérifiez auprès de votre médecin s'il vous en prescrit actuellement). Après ces 2 semaines, mangez de généreuses portions d'aliments qui contiennent beaucoup de salicylates et observez vos symptômes. Il se peut que ceux-ci prennent quelques jours avant de se manifester, car leur effet est cumulatif. Si vos symptômes réapparaissent ou s'aggravent, vous pourrez probablement les contrôler en réduisant votre consommation de produits figurant sur la liste qui suit. Si vous n'y parvenez pas, consultez un professionnel de la diététique.

LES ALIMENTS À HAUTE TENEUR EN SALICYLATES

- **Les fines herbes et les épices :** aneth, estragon, romarin, sauge, thym, origan et mélanges d'herbes, graines d'anis, cayenne, poudre de céleri, cannelle, poudre de cari, cinq-épices chinois, macis, moutarde, curcuma, poivre de la Jamaïque, feuilles de laurier, chili, clou de girofle, gingembre, menthe, muscade, poivre noir et cornichons.
- **Les fruits et les noix :** raisins secs, prunes, pommes acides, baies, agrumes, raisins de Corinthe et autres fruits séchés, figues, goyaves, raisins frais, kiwis, ananas, amandes, pistaches, noix de macadamia et pignons.
- **Les légumes :** brocoli, chicorée, endives, cornichons, champignons, poivron, radis et cresson.
- **D'autres aliments :** miel, réglisse, bonbons à la menthe, gomme à mâcher, thé, rhum, porto, Bénédictine, Tia Maria et Drambuie.
- **On trouve aussi des salicylates dans :** le dentifrice, les pastilles antiseptiques, les rince-bouches, les analgésiques, les remèdes contre le rhume et les cosmétiques. Votre pharmacien est en mesure de vous guider. Si vous êtes sensibles à l'aspirine, vous devriez en informer votre médecin et votre dentiste parce que les dentistes utilisent parfois des mèches d'aspirine.

En tout temps, vous pouvez manger des aliments ayant une faible teneur en salicylates, en voici des exemples :

- **tous les types de viande et de poisson ;**
- **du lait, du pain et des œufs ;**
- **du blé, de l'orge, du seigle et du riz ;**
- **les fruits :** les bananes, les poires pelées, les citrons, les grenades, les papayes, les fruits de la Passion et les mangues ;
- **les légumes :** le chou, les choux de Bruxelles, les germes de haricot, le céleri, les poireaux, la laitue, les pois, les pommes de terre pelées ;
- **les boissons alcoolisées :** le gin et la vodka ;
- **la caroube, le cacao et les noix de cajou.**

L'histamine et les substances similaires

Dans un type particulier de réaction allergique, l'histamine est émise dans le corps par les **mastocytes** (p. 21). Des symptômes similaires peuvent se manifester lorsque vous mangez des aliments qui contiennent de l'histamine (les fromages fermentés, les saucisses, le poisson en conserve, la choucroute ou les épinards) ou qui déclenchent son émission dans le corps (le blanc d'œuf, les crustacés, les tomates, le chocolat, le porc, l'ananas, les fraises, les papayes et l'alcool). On a baptisé ce phénomène « fausse allergie alimentaire ». La sensibilité aux fausses allergies alimentaires semble augmenter chez les personnes qui ont une **déficience en magnésium** (p. 113). En évitant ces aliments, vous maîtriserez vos symptômes, par exemple :

- une crise d'**eczéma** (p. 16) ou d'**urticaire** (p. 20) ;
- **des bouffées de chaleur ;**
- **la maladie de Quinck** (p. 20) ;
- **la soif, la nausée et la diarrhée ;**
- **la migraine** (p. 40).

D'autres aliments contiennent des substances chimiques similaires appelées amines. Ces substances peuvent produire des migraines parce qu'elles provoquent la **dilatation des vaisseaux sanguins** (p. 40). Parmi ces substances, on trouve : le chocolat, les fromages, les aliments fermentés comme l'alcool, l'extrait de levure, les harengs marinés, les bananes, les fèves, le foie et certaines saucisses.

Les lectine

Les lectines sont des substances contenues dans de nombreux aliments, en particulier dans les haricots secs. Elles peuvent produire des douleurs abdominales, des diarrhées et des vomissements, mais ce sont des réactions toxiques et non des allergies. Heureusement, les lectines sont détruites lorsque les haricots trempent pendant plusieurs heures et qu'ils sont ensuite portés à ébullition dans une casserole sans couvercle pendant 10 min avant d'être cuits doucement jusqu'à ce qu'ils soient tendres.

La caféine

On devrait considérer la caféine comme une drogue qui peut déclencher de nombreux symptômes que l'on confond facilement avec des réactions allergiques, par exemple :

- **l'insomnie, l'anxiété, des tremblements,** l'irritabilité, des palpitations, des sueurs et une agitation des jambes ;
- **une léthargie,** une somnolence et un état dépressif ;
- **des douleurs abdominales,** des nausées et des vomissements ;
- **un nez qui coule.**

La caféine crée une dépendance ; un arrêt soudain de sa consommation peut produire des symptômes comme une faim insatiable, des maux de tête, des nausées et de la somnolence. Il est préférable de répartir l'exclusion de la caféine sur deux semaines (voir **liste des aliments contenant de la caféine,** p. 59).

La diète
en rotation

Une diète en rotation signifie que l'on mange n'importe quels aliments d'une même famille pendant un ou deux jours pour ensuite exclure complètement les aliments de cette famille pendant plusieurs jours. Si vous découvrez que vous êtes intolérants à l'un des membres d'une famille d'aliments, il est très possible que vous fassiez une réaction croisée à un autre membre de la même famille. Occasionnellement, des aliments complètement étrangers peuvent aussi produire, de la même manière, une réaction croisée (p. 130). Un grand avantage de cette diète est qu'elle incite à la consommation d'une grande variété d'aliments différents.

Si vous suivez la diète en rotation recommandée de 8 jours, vous constaterez qu'une famille d'aliments que l'on mange pendant les jours 1 et 2 ne reviendra pas avant les neuvième et dixième jours lorsque la rotation recommencera. Ce régime alimentaire a été conçu de cette manière pour qu'il soit plus simple de faire le marché et la cuisine. Essayez de choisir des membres différents d'une même famille chaque fois que cette famille revient. Ce sera peut-être difficile dans le cas de la famille des céréales, puisque plusieurs de celles que nous mangeons font partie de la famille des graminées et qu'il est permis de manger des graminées seulement pendant deux jours de chaque cycle. Vous pouvez manger d'autres aliments contenant de l'amidon pendant les autres jours. Peu d'aliments préparés conviennent à cette diète, mais vous pouvez réduire le temps consacré à la cuisine en préparant de grandes quantités de plats et en congelant les surplus pour plus tard.

Comment la diète en rotation vous aidera-t-elle ?

Un des avantages de la diète en rotation est qu'elle vous permet de manger une grande variété d'aliments. Les aliments qui provoquent le plus grand nombre de symptômes d'intolérance alimentaire sont ceux que l'on mange quotidiennement, comme le blé. Au rythme accéléré où l'on vit aujourd'hui, il est souvent facile de tomber dans le piège et de prendre l'habitude de manger des céréales au petit-déjeuner, un sandwich à midi, des pâtes le soir et, entre-temps, des biscuits comme collation : tous ces aliments sont à base de blé. Si vous mangez moins fréquemment l'aliment responsable de votre intolérance, votre corps s'adaptera et le tolérera. En plus, la diète en rotation réduit le risque de développer une intolérance à d'autres aliments. Plus la variété de nutriments disponibles sera grande, plus le système immunitaire en bénéficiera.

Vous trouverez peut-être que la diète en rotation est plus efficace que le mini-régime d'élimination pour identifier les aliments à la source de vos problèmes. C'est que le fait d'éliminer un aliment pendant 6 jours **augmente souvent votre sensibilité** à cet aliment (p. 96). Vos symptômes se manifestent donc plus clairement lorsque vous le mangez de nouveau.

Assurez-vous de continuer à tenir votre **journal des aliments, de vos humeurs et de vos symptômes** (p. 54) et excluez tout aliment qui déclenche des symptômes chaque fois que vous en mangez. Lorsqu'on exclut un aliment pendant quelques mois, on peut généralement le réintroduire sans que les symptômes réapparaissent. Si les symptômes réapparaissent, bannissez cet aliment pendant une autre période de 3 ou 4 mois avant de tenter de le réintroduire de nouveau. Les symptômes finissent toujours par disparaître. À ce moment-là, vous pouvez manger cet aliment, sans risque, une fois par semaine, deux fois au plus.

Planifiez votre diète

Choisissez au moins une portion d'une protéine de source animale pour chaque jour de votre diète ou, si vous préférez, une combinaison de deux **protéines végétales** (voir la liste des aliments, p. 57). En outre, mangez une portion, ou plus, d'un aliment contenant des glucides et au moins cinq portions de 100 g (3 ½ oz) par jour de fruits frais et de légumes.

Lorsque vous entreprenez la diète en rotation, éliminez tous les aliments qui déclenchent vos symptômes à coup sûr. Après avoir suivi la diète pendant quelques semaines, réintroduisez chacun de ces aliments (p. 98-101), pendant une journée pour commencer, à chacune des rotations. S'ils ne déclenchent pas de symptômes, vous pouvez en manger plus souvent.

SI VOUS N'AIMEZ PAS LES ALIMENTS SUGGÉRÉS POUR UNE JOURNÉE

Si vous constatez que vous n'aimez pas la plupart des aliments suggérés certains jours (p. 82-90), consultez la liste des familles d'aliments (p. 76-79). Vous y trouverez plusieurs aliments qui sont les seuls à faire partie d'une famille botanique. Ces aliments n'ont pas d'aliments apparentés qu'on peut manger régulièrement. On peut donc déplacer ces aliments à d'autres jours de la diète. Cependant, si vous goûtez de nouveaux aliments ou si vous apprêtez des aliments que vous n'aimiez pas dans votre enfance, il est possible que vous découvriez que vous les aimez.

Les familles d'aliments

En vous privant et en faisant une pause de quelques jours pendant laquelle vous excluez les familles des aliments qui sont à la source de vos problèmes, vous pouvez maîtriser les symptômes d'une intolérance alimentaire sans qu'il soit nécessaire de bannir complètement de nombreux aliments de votre diète. Cependant, une diète très stricte peut amener des déficiences en nutriments essentiels. Les couleurs affectées aux familles d'aliments indiquent les journées correspondantes de la diète en rotation pendant lesquelles on les mange : le violet pour les jours 1 et 2, le vert pour les jours 3 et 4, l'orange pour les jours 5 et 6 et le bleu pour les jours 7 et 8.

LA FAMILLE DES ÉRICACÉES

Les airelles
Les bleuets
Les canneberges

LA FAMILLE DES LINACÉES

Les graines de lin

LA FAMILLE DES VOLAILLES

La caille
Le canard
Le coq de bruyère
La dinde
Le faisan
Tous les œufs
L'oie
La perdrix
Le pigeon
Le poulet

LA FAMILLE DES FAGACÉES

La châtaigne (marron)

LA FAMILLE DES PIPERACÉES

Le poivre blanc
Le poivre noir

LA FAMILLE DE L'ANANAS

L'ananas

LA FAMILLE DES CHAMPIGNONS

Les champignons
La levure de boulanger
La levure de bière
Les vesses-de-loup
Les truffes

LA FAMILLE DES ARROW-ROOTS

L'arrow-root

LA FAMILLE DES ANACARDIACÉES

Les noix de cajou
Les mangues
Les pistaches

LA FAMILLE DES BANANES

La banane
Le plantain

LA FAMILLE DES AGRUMES

Le citron
La clémentine
Le kumquat
La lime
La mandarine
L'orange
Le pamplemousse
Les satsumas
Le tangelo

LA FAMILLE DU GINGEMBRE

La cardamome
Le curcuma
Le gingembre

LA FAMILLE DES BETTERAVES

L'amarante
La bette
La betterave
La betterave à sucre
Les épinards
Le quinoa

LA FAMILLE DU BŒUF

L'agneau
Le bison
Le bœuf
La chèvre
La gélatine
Le veau
Tous les produits laitiers, incluant :
Le beurre
Le fromage
Le lait
Le yogourt

LA FAMILLE DU PAVOT

Les graines de pavot

LA FAMILLE DES RAISINS

La crème de tartre
Les pépins de raisin
Le raisin
Les raisins de Corinthe
Les raisins secs
Le raisin de Smyrne

LA FAMILLE DES BRASSICACÉES

Le brocoli
Le chou
Le chou chinois
Le chou de Bruxelles
Le chou-fleur
Le chou frisé
Le chou-rave
Le canola
Le cresson
Les graines de moutarde
La moutarde
Le navet
Le radis
Le raifort
Le rutabaga

LA FAMILLE DES BÉTULACÉES

La noisette

LA FAMILLE DU SARRASIN

L'oseille
La rhubarbe
Le sarrasin

LA FAMILLE DES CÂPRES

Les câpres

LA FAMILLE DES MALVACÉES

L'okra

LA FAMILLE DES COMPOSÉES

L'artichaut
L'artichaut de Jérusalem
La camomille
Le carthame
La chicorée
Les endives
L'estragon
La laitue
Le pissenlit
La romaine
Les salsifis
Le stevia (édulcorant)
Le tournesol

LA FAMILLE DES CAROTTES

L'aneth
L'anis
La carotte
Le carvi
Le céleri
Le céleri rave
Le cerfeuil
La coriandre
Le cumin
Le fenouil
Le panais
Le persil

LA FAMILLE DES CONIFÈRES

Les baies de genièvre
Les pignons

LA FAMILLE DE LA MUSCADE

Le macis
La muscade

LA FAMILLE DES POISSONS (OSSEUX*)

L'aiglefin
L'anchois
Le bar
La blanchaille
Le colin
La dorade
Le flétan
Le hareng
Le maquereau
La morue
Le mulet
La perche
La plie
La sardine
Le saumon
La sole
Le thon
La truite
Le turbot

* De nombreuses personnes sensibles au poisson réagissent en fait à une protéine spécifique. On trouve cette protéine dans les poissons osseux, mais il se peut qu'on ne la trouve pas dans les poissons cartilagineux.

LA FAMILLE DES POISSONS (CARTILAGINEUX)

Le chien de mer
La raie
Le requin

LA FAMILLE DES GRAMINÉES

L'avoine

Le blé

La citronnelle

L'épeautre

Le kamut

Le maïs

Le malt

Le millet

L'orge

Les pousses de bambou

Le riz

Le riz sauvage

Le seigle

Le sorgho

Le sucre de canne

Le teff

Le triticale

LA FAMILLE DES LAURIERS

L'avocat

La cannelle

Les feuilles de laurier

LA FAMILLE DES CRUSTACÉS

Le crabe

La crevette grise

La crevette rose

L'écrevisse

Le homard

LA FAMILLE DES LILIACÉES

L'ail

L'aloès

L'asperge

La ciboulette

L'échalote

L'oignon

Le poireau

La salsepareille

LA FAMILLE DES CERVIDÉS

La chair de grand gibier

L'élan ou orignal

LA FAMILLE DES DILLENIAS

Les fruits de la Passion

Les kiwis

LA FAMILLE DES MOLLUSQUES

Les calmars

Les coques

Les coquilles Saint-Jacques
et les pétoncles

Les escargots

Les huîtres

Les moules

Les palourdes

Les poulpes

LA FAMILLE DES LABIÉES

Le basilic

La marjolaine

Toutes les sortes de menthe

L'origan

Le romarin

La sarriette

La sauge

Le thym

LA FAMILLE DES CONVOLVULACÉES

La patate douce

LA FAMILLE DES RUBIACÉES

Le café

LA FAMILLE DE LA MÛRE

La figue

Le fruit à pain

Le houblon

La mûre

LA FAMILLE DU HOUX

Le thé du Brésil ou maté

LA FAMILLE DU CHÈVREFEUILLE

Les baies de sureau

LA FAMILLE DE L'ÉRABLE

Le sirop d'érable

LA FAMILLE DES MELONS

Le concombre

Les cornichons

Toutes les courges

Les courgettes

La citrouille

Tous les melons, incluant :

Le cantaloup

Le melon d'hiver

Le melon d'eau

LA FAMILLE DES SOLANACÉES

L'aubergine

Le cayenne

Le paprika

Les piments rouges

Les poivrons

La pomme de terre

Le tabac

Les tomates

LA FAMILLE DES OLÉACÉES

L'olive noire

L'olive verte

LA FAMILLE DES ORCHIDACÉES

La vanille

LA FAMILLE DES PALMACÉES

Le coco

Les dattes

Le sagou

LA FAMILLE DES PÉDALIACÉES

Le sésame

LA FAMILLE DES PROTÉAGINEUX

Les noix de macadamia

LA FAMILLE DES SAPUCAIAS

Les noix du Brésil

LA FAMILLE DES ROSACÉES

Les abricots
Les amandes
Les cerises
Les coings
Le cynorrhodon
Les fraises
Les framboises
Les mûres
Les mûres de Logan
Les mûres des haies
Les nectarines
Les nèfles du Japon
Les pêches
La pectine
Les poires
Les pommes
Les pommes sauvages
Les pruneaux
La prunelle
Les prunes
Les prunes de Damas

LA FAMILLE DES SAXIFRAGACÉES

Le cassis
Les groseilles rouges, vertes et blanches

LA FAMILLE DES MYRTACÉES

Les clous de girofle
La goyave
Le poivre de la Jamaïque

LA FAMILLE DES LÉGUMINEUSES

La luzerne

Tous les haricots, incluant :
Les fèves
Les haricots d'Espagne
Les haricots verts

Tous les haricots secs, incluant :
Les fèves de Lima
Les fèves soya
Les flageolets
Les haricots cannellini
Les haricots de Lima
Les haricots de Soissons
Les haricots doliques
Les haricots nains
Les haricots mungo
Les haricots noirs
Les haricots pinto
Les haricots rouges

La caroube
Les graines de fenugrec

Toutes les lentilles, incluant :
Les lentilles du Puy
Les lentilles rouges
Les lentilles vertes

Les arachides
La réglisse

Tous les pois, incluant :
Les pois chiches
Les pois jaunes cassés
Les pois mange-tout
Les pois secs
Les pois verts cassés

Le tofu

LA FAMILLE DES LAPINS

Le lapin
Le lièvre

LA FAMILLE DES ALGUES

L'agar-agar
L'aramé
Le carragheen
La dulse
Le kombu
Le nori
Le varech
Le wakamé

LA FAMILLE DES STERCULIACÉES

Le cacao

LA FAMILLE DES JONCS

Les châtaignes d'eau

LA FAMILLE DE LA SHEPHERDIE

Les litchis

LA FAMILLE DES EUPHORBIACÉES

Le manioc
Le tapioca

LA FAMILLE DES NOIX

Les noix de Grenoble
Les noix de noyer blanc
Les noix de noyer cendré (butternut)
Les noix de pécan

LA FAMILLE DES DIOSCORÉACÉES

L'igname

LA FAMILLE DU PORC

Le porc
Le sanglier

LA FAMILLE DE LA PAPAYE

La papaye

LA FAMILLE DES THÉS

Le thé noir
Le thé vert

Le tableau de la diète en rotation

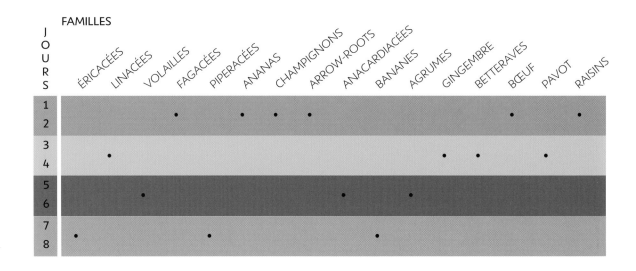

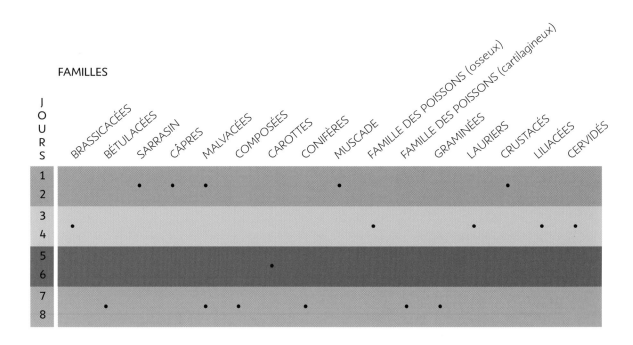

FAMILLES

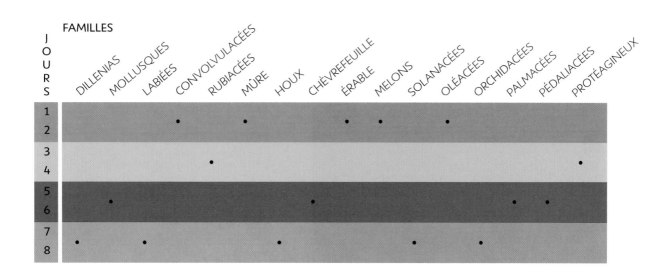

FAMILLES

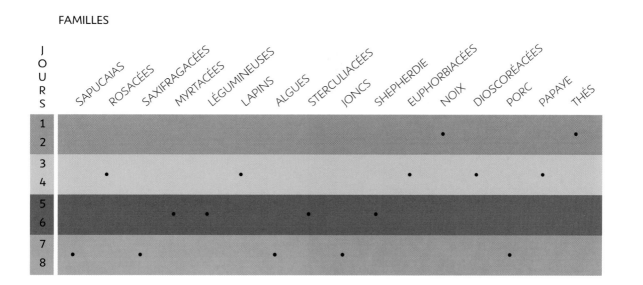

La diète en rotation
JOURS 1 ET 2

Les protéines : le fromage, le lait, le yogourt, l'agneau, le bison, le bœuf, la chèvre, le veau, le crabe, la crevette grise, la crevette rose, l'écrevisse, le homard.

Les légumes : les champignons, les truffes, les vesses-de-loup, les patates douces, les concombres, les fruits à pain, les okras, les courges, les courgettes, les cornichons à l'oseille et toutes les citrouilles.

Les fruits : tous les melons, incluant les cantaloups, les melons honeydew, le melon d'eau, les melons d'hiver, les raisins, les raisins de Corinthe, les raisins secs, les raisins de Smyrne, les olives noires et vertes, les figues, le houblon, les mûres, les ananas, la rhubarbe.

Les céréales, les graines et les noix : les graines de citrouille, les noix de Grenoble, les noix de noyer blanc, les noix de noyer cendré *(butternut)*, les noix de pécan, les marrons, le sarrasin.

Les édulcorants : le sirop d'érable.

Les matières grasses/l'huile : la graisse de cuisson, l'huile de pépins de raisin, le beurre, l'huile d'olive.

Les fines herbes et les épices : le macis, la muscade, les câpres.

Les boissons : le lait, le thé noir et le thé vert, le jus des fruits et le lait des noix permis ce jour-là.

Divers : la gélatine, la levure de boulanger, la levure de bière, la crème de tartre, l'arrow-root, les concentrés de levure.

SOUPE À LA COURGE

1 kg (2 ¼ lb) de courge

3 courgettes moyennes

25 g (1 oz) de beurre

1 c. à café (1 c. à thé) comble de muscade moulue

1 petit morceau ou ½ c. à café (½ c. à thé) de macis moulu

1 litre (4 tasses) d'eau

Sel de mer

55 g (2 oz) de fromage de chèvre frais, en un seul morceau

POUR 4 PERSONNES

Enlevez les pépins, pelez et coupez la courge en cubes. Pelez et tranchez les courgettes. Dans une casserole profonde, chauffez le beurre et ajoutez la muscade et le macis. Cuisez pendant 1 à 2 min et ajoutez ensuite les légumes. Couvrez la casserole et faites revenir à feu très doux pendant 15 min. Ajoutez l'eau, salez au goût, portez à ébullition et faites mijoter de 20 à 30 min ou jusqu'à ce que la courge soit assez tendre. Réduisez en purée dans un mélangeur ou un robot culinaire, puis remettez dans la casserole. Portez de nouveau à ébullition et faites mijoter encore 15 min pour accentuer la saveur. Rectifiez l'assaisonnement au goût. Coupez le fromage de chèvre en bâtonnets. Versez la soupe dans quatre bols, incorporez délicatement du fromage dans chacun des bols et servez.

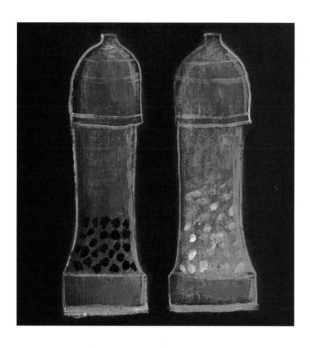

DES SUGGESTIONS DE MENUS

Petit-déjeuner Steak minute et champignons sautés

Crêpes de sarrasin (ci-dessous) et sirop d'érable

Repas léger Soupe à la courge (voir ci-contre) et pains suédois de sarrasin (p. 63)

Patates douces au four et fromage râpé

Repas principal Côtelettes d'agneau accompagnées de courgettes et de citrouille bouillie

Paella au kasha (p. 68)

Dessert Compote de rhubarbe avec sirop d'érable et crème

CRÊPES DE SARRASIN

85 g (3 oz) de farine de sarrasin

200 ml (¾ tasse) d'eau

4 c. à soupe d'huile d'olive

500 g (1 ¼ lb) d'un mélange de champignons sauvages et cultivés, essuyés

85 g (3 oz) de noix de pécan en quartiers

85 g (3 oz) de noix de Grenoble en quartiers

Sel de mer et poivre du moulin

4 c. à café (4 c. à thé) de yogourt nature, de préférence de brebis ou de chèvre, car le goût est plus marqué

POUR 4 PERSONNES

Pour faire les crêpes : passez la farine et l'eau au mélangeur pendant 2 à 3 min, puis laissez reposer le mélange de 10 à 15 min. Essuyez une poêle à crêpes avec une petite quantité d'huile et chauffez jusqu'à ce que la poêle fume. Versez une petite quantité du mélange dans la poêle ; étendez bien pour obtenir une crêpe mince et faites dorer les deux faces. Répétez l'opération pour obtenir 8 crêpes, soit 2 par personne. Placez de la pellicule plastique ou du papier ciré entre chaque crêpe, mettez de côté et gardez au chaud.

Pour la farce : coupez les champignons en quatre, en deux ou en tranches pour qu'ils aient tous à peu près la même taille. Chauffez le reste de l'huile dans un poêlon profond et cuisez les noix rapidement pendant 1 à 2 min. Ajoutez les champignons et continuez à cuire rapidement jusqu'à ce qu'ils soient tendres et qu'ils aient perdu leur jus. Assaisonnez au goût avec le sel et le poivre. Déposez une cuillerée de la farce aux champignons et aux noix sur chaque crêpe, roulez-la et servez aussitôt en ajoutant une cuillerée de yogourt sur la crêpe.

La diète en rotation
JOURS 3 ET 4

Les protéines : le lapin, le lièvre, la chair de grand gibier, l'élan (orignal), l'aiglefin, les anchois, le bar rayé, la blanchaille, le colin, la dorade, le flétan, le hareng, le maquereau, la morue, le mulet, la perche, le pilchard, la plie, la sardine, le saumon, la sole, la truite, le thon, le turbot.

Les légumes : le brocoli, le chou, le chou chinois, le chou frisé, le chou-fleur, le chou-rave, le cresson, les choux de Bruxelles, le navet, les radis, le rutabaga, la bette, les betteraves, les épinards, l'aloès, les asperges, l'igname, les oignons, les poireaux, les échalotes.

Les fruits : les abricots, les cerises, les coings, le cynorrhodon, les fraises, les framboises, les mûres, les mûres des haies, les mûres de Logan, les nectarines, les nèfles du Japon, les pêches, les poires, les pommes, les pommes sauvages, les prunes, les prunes de Damas, les pruneaux, les prunelles, les avocats, les papayes.

Les céréales, les graines et les noix : le quinoa, l'amarante, les noix de macadamia, les amandes, les graines de pavot, les graines de moutarde.

Les édulcorants : le sucre de betterave.

Les matières grasses/l'huile : l'huile de canola, l'huile de lin.

Les fines herbes et les épices : l'aloès, la ciboulette, l'ail, la salsepareille, la cardamome, le curcuma, le gingembre, les feuilles de laurier, la cannelle, le raifort, la moutarde.

Les boissons : le café, les jus et le lait des noix permises ce jour-là.

Divers : le tapioca, le manioc.

SALADE DE POIREAUX

1 gros poireau ou 2 petits, parés et émincés
200 g (7 oz) de chou chinois émincé
1 botte de cresson hachée
25 g (1 oz) d'amandes entières
25 g (1 oz) de noix de macadamia coupées en deux
1 grosse pomme acide sans le cœur
2 avocats mûrs

Pour la vinaigrette :
4 c. à soupe d'huile de canola
2 c. à soupe de vinaigre de cidre
1 c. à café (1 c. à thé) de graines de pavot
Sel de mer

POUR 4 PERSONNES

Mélangez les poireaux, le chou chinois, le cresson et les noix, puis disposez-les dans un saladier. Pelez et dénoyautez les avocats, faites des tranches épaisses, puis disposez-les sur la salade.

Mêlez tous les ingrédients de la vinaigrette, puis versez-la en pluie sur la salade en vous assurant que les avocats soient bien humectés. Servez immédiatement.

LA DIÈTE EN ROTATION, JOURS 3 ET 4

THON AU FOUR ACCOMPAGNÉ DE RISOTTO DE QUINOA

4 c. à soupe d'huile de canola ou d'huile de lin

12 échalotes pelées et émincées

4 gros pruneaux tendres, dénoyautés et hachés finement

350 g (12 oz) de thon frais

3 grosses gousses d'ail pelées ou 6 petites

4 brins de cresson

Pour le risotto :

2 c. à soupe d'huile de canola ou de lin

1 poireau paré et émincé

170 g (6 oz) de bettes lavées et coupées assez finement

75 g (2 ½ oz) de graines de quinoa

300 ml (1 ¼ tasse) d'eau

Sel

POUR 4 PERSONNES

Pour cuire le thon, chauffez l'huile dans un poêlon juste assez grand pour contenir le morceau de thon, puis ajoutez les échalotes et les pruneaux. Couvrez et faites suer 10 min ou jusqu'à ce que les échalotes soient assez tendres. Faites six petites incisions dans le thon, puis insérez-y une petite gousse d'ail (ou la moitié d'une grosse). Disposez le thon sur les échalotes, couvrez le poêlon et cuisez doucement pendant 30 min ou jusqu'à ce que le thon soit bien cuit.

Pendant ce temps, chauffez l'huile du risotto dans un autre poêlon et cuisez doucement le poireau pendant 5 min. Ajoutez les bettes, les graines de quinoa et l'eau ; bien mélanger. Assaisonnez légèrement, portez à ébullition et faites mijoter doucement de 10 à 20 min ou jusqu'à ce que l'eau soit absorbée et que le quinoa soit cuit. Ajoutez un peu plus de liquide, au besoin.

Lorsque le thon et le quinoa sont cuits, retirez le thon du poêlon. Avec une cuillère, mettez les échalotes et le jus de cuisson dans un plat de service réchauffé, puis disposez le thon dessus – en un seul morceau, ou, si vous préférez, coupé en quatre portions. Garnissez avec le cresson et servez avec le risotto de quinoa.

DES SUGGESTIONS DE MENUS

Petit-déjeuner	Porridge de quinoa (p. 68 et 69) au lait d'amandes (p. 61)
	Hareng grillé, pains suédois de sarrasin (p. 63)
Repas léger	Sardines grillées sur des épinards accompagnées de chou-fleur
	Salade de poireaux (p. 84)
Repas principal	Ragoût de chair de grand gibier, brocoli et ignames au four
	Thon au four accompagné de risotto de quinoa (voir ci-dessus)
Dessert	Salade de fruits au lait d'amandes

La diète en rotation
JOURS 5 ET 6

Les protéines : la caille, le canard, le coq de bruyère, la dinde, le faisan, les œufs, l'oie, la perdrix, le pigeon, le poulet, les calmars, les coques, les coquilles Saint-Jacques ou les pétoncles, les escargots, les huîtres, les moules, les palourdes, les poulpes, le tofu.

Les légumes : les carottes, le céleri, le céleri rave, le fenouil, le panais, la luzerne ; tous les haricots, incluant les fèves, les haricots d'Espagne, les haricots verts, tous les haricots secs, incluant les fèves de Lima, les flageolets, les graines de soya, les haricots cannellini, les haricots de Lima, les haricots de Soissons, les haricots doliques, les haricots mungo, les haricots nains, les haricots noirs, les haricots pinto, les haricots rouges, les lentilles du Puy, les lentilles rouges et vertes ; tous les pois, incluant les pois chiches, les pois jaunes cassés, les pois mange-tout, les pois secs, les pois verts cassés, la caroube, la réglisse.

Les fruits : les citrons, les clémentines, les kumquats, les limes, les mandarines, les oranges, les pamplemousses, les satsumas, les tangelos, les uglis, les baies de sureau, le coco, les dattes, les goyaves, les litchis, les mangues.

Les céréales, les graines et les noix : les arachides, les noix de cajou, les pistaches et les graines de sésame.

Les édulcorants : le sirop de dattes.

Les matières grasses/l'huile : les arachides, le soya, les graines de sésame.

Les fines herbes et les épices : l'aneth, l'anis, le cerfeuil, la coriandre, le cumin, le fenouil, le persil, le fenugrec, le clou de girofle, le poivre de la Jamaïque.

Les boissons : le cacao, la caroube, les jus de fruits et les laits de noix permis ces jours-là, les infusions de fenouil.

Divers : le sagou.

LE GÂTEAU DE TOFU

2 c. à soupe d'huile de soya

2 c. à café (2 c. à thé) combles de cumin moulu

1 c. à café (1 c. à thé) de graines de coriandre

1 bulbe de fenouil

3 branches de céleri

55 g (2 oz) de lentilles du Puy

170 g (6 oz) de lentilles rouges

1 litre (4 tasses) d'eau

1 c. à café (1 c. à thé) de sauce tamari ou de sauce soya sans blé

140 g (5 oz) de tofu fumé en cubes

115 g (4 oz) de noix de cajou

115 g (4 oz) de pois mange-tout émincés

POUR 4 PERSONNES

Chauffez l'huile dans une poêle à fond épais et ajoutez le cumin moulu et les graines de coriandre. Coupez le fenouil et le céleri en petits morceaux, puis ajoutez-les à la poêle. Couvrez et faites suer pendant 10 à 15 min. Ajoutez les deux types de lentilles, l'eau et la sauce tamari. Portez à ébullition et faites mijoter environ 1 h ou jusqu'à ce que les lentilles soient presque désintégrées et que la majorité du liquide soit absorbée. Ajoutez le tofu et les noix de cajou, puis continuez à cuire encore pendant 10 min. Ajoutez les pois mange-tout, mélangez bien et cuisez encore pendant environ 1 min pour que les saveurs se marient. Au besoin, goûtez et assaisonnez davantage avec la sauce tamari. Servez accompagné d'une salade verte.

CRÊPES DE FARINE DE POIS CHICHES

100 g (3 ½ oz) de farine de pois chiches
200 ml (¾ tasse) d'eau
Une pincée de sel

Pour la farce :
4 kumquats
4 dattes fraîches (ou séchées et bien tendres)
 dénoyautées
8 litchis frais
12 pistaches
1 grosse mangue

POUR 4 PERSONNES

Passez au mélangeur la farine, l'eau et le sel jusqu'à l'obtention d'une crème homogène et lisse. Laissez reposer le mélange pendant 10 à 15 min. Huilez et chauffez une poêle à crêpes. À l'aide d'une petite louche, versez un peu du mélange dans la poêle et faites dorer rapidement des deux côtés. Répétez l'opération pour obtenir quatre crêpes – une par personne. Empilez en plaçant une pellicule plastique ou un papier ciré entre chaque crêpe. Gardez au chaud.

Émincez les kumquats. Coupez les dattes en petits morceaux. Pelez, dénoyautez les litchis et coupez-les en deux. Enlevez l'écaille des pistaches et coupez-les aussi en deux. Pelez les mangues, faites-en une purée et mélangez-les aux fruits et aux noix – il ne devrait pas être nécessaire de sucrer davantage. Mettez une cuillerée du mélange de fruits et de noix sur une des moitiés de chaque crêpe et réservez-en un peu pour plus tard. Pliez les crêpes et disposez-les sur un plat de service. Couvrez-le et chauffez doucement dans un four à micro-ondes de 1 à 2 min à puissance élevée. Servez en disposant sur les crêpes une cuillerée de la purée de mangues que vous aurez réservée.

DES SUGGESTIONS DE MENUS

Petit-déjeuner	Crêpes de farine de pois chiches (ci-contre)
	Œufs bouillis et pains suédois de farine de pois chiches (p. 63)
Repas léger	Dinde sautée, germes de haricot et carottes
	Soupe épaisse de fèves et de céleri rave
Repas principal	Gâteau de tofu (p. 87)
	Poulet rôti, panais rôtis et haricots
Dessert	Salade de fruits aux oranges et aux dattes et crème de noix de cajou

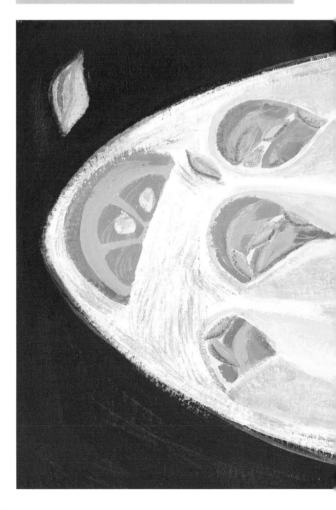

La diète en rotation
JOURS 7 ET 8

Les protéines : le porc, le sanglier sauvage, la raie, le requin et le chien de mer.

Les légumes : les artichauts, les artichauts de Jérusalem, la chicorée, les endives, la laitue, les piments rouges, le pissenlit, les pousses de bambou, la romaine, les salsifis, l'aubergine, les châtaignes d'eau, les poivrons, les pommes de terre, les tomates, l'agar-agar, l'aramé, le carragheen, la dulse, le kombu, le nori, le varech et le wakamé.

Les fruits : les airelles, les bleuets, les canneberges, les bananes, le plantain, les fruits de la Passion, les kiwis, le cassis et les groseilles (rouges et blanches).

Les céréales, les graines et les noix : le blé, l'épeautre, les flocons d'avoine, le kamut, le maïs, le millet, l'orge, le riz, le riz sauvage, le seigle, le sorgho, le teff, le triticale, les graines de tournesol, les noisettes, les noix du Brésil et les pignons.

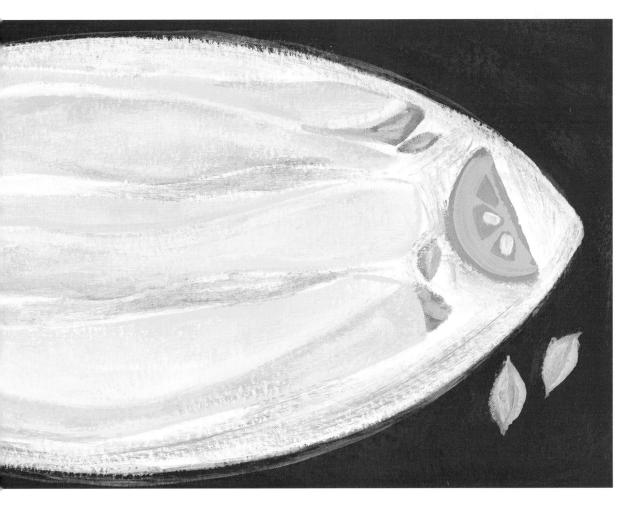

Les édulcorants : le sirop de malt, le sirop de riz, le sucre de canne, le stevia.

Les matières grasses/l'huile : le carthame, le maïs, les noisettes et le tournesol.

Les fines herbes et les épices : la camomille, l'estragon, les baies de genièvre, toute la famille des labiées – le basilic, la marjolaine, l'origan, le romarin, la sar-riette, la sauge, le thym ; la vanille, le paprika, les piments rouges, le poivre blanc et le poivre noir, la citronnelle et le cayenne.

Les boissons : les infusions de maté, les jus et les laits des fruits et des noix permis ce jour-là, les infusions de camomille et de menthe, les laits d'avoine et de riz.

Divers : le tabac (p. 46).

PORC SAUTÉ

2 c. à soupe d'huile de maïs

1 piment fort moyen, épépiné et émincé

1 poivron vert, 1 jaune et 1 rouge, épépinés et émincés

1 gros artichaut de Jérusalem paré, brossé et taillé en allumettes

2 salsifis pelés et taillés en allumettes

1 aubergine moyenne en dés

115 g (4 oz) de filet de porc taillé en allumettes

1 c. à soupe d'aramé, trempée dans l'eau pendant 10 min

Sel de mer

Poivre noir du moulin

50 g (2 oz) de graines de tournesol

25 g (1 oz) de pignons

POUR 4 PERSONNES

Chauffez l'huile dans un wok ou une grande poêle jusqu'à ce que l'huile fume. Ajoutez ensuite les piments, les artichauts, les salsifis, l'aubergine et le porc. Faites sauter les ingrédients à feu vif de 5 à 8 min, jusqu'à ce que les légumes soient tendres, puis ajoutez l'aramé. Salez et poivrez, couvrez et laissez cuire à feu doux pendant encore 8 à 10 min ou jusqu'à ce que le porc soit cuit. Ajoutez les graines de tournesol et les pignons. Rectifiez l'assaisonnement. Servez le sauté immédiatement accompagné de riz et/ou d'une salade verte.

DES SUGGESTIONS DE MENUS

Petit-déjeuner	Bacon grillé et tomates
	Flocons de blé, lait de banane et de noisettes
Repas léger	Pommes de terre au four accompagnées d'une salade
	Pâtes, sauce aux poivrons et aux tomates mijotés
Repas principal	Côtelettes de porc, purée de pommes de terre et chicorée à l'étouffée
	Porc sauté
Dessert	Mousse de fruits (ci-contre)

MOUSSE DE FRUITS

4 grosses bananes

4 gros kiwis

3 gros fruits de la Passion

25 g (1 oz) de farine de maïs

Des bleuets ou des groseilles rouges pour la décoration

POUR 4 PERSONNES

Pelez les bananes et les kiwis et mettez-les dans un mélangeur. Coupez les fruits de la Passion en deux, enlevez les pépins avec une cuillère et ajoutez-les aux autres fruits. Faites une purée. Dans une petite casserole, mélangez la farine de maïs avec deux cuillerées de la purée de fruits. À feu doux, mélangez constamment jusqu'à ce que le mélange épaississe. Peu à peu, ajoutez ensuite le reste de la purée. Versez dans quatre verres ou bols et refroidissez. Avant de servir, décorez avec des bleuets ou des groseilles rouges.

LES GRAINES GERMÉES

Des personnes de cultures diverses mangent des graines germées depuis des milliers d'années. Dans des régions très froides en hiver, comme l'Himalaya, ce sont des sources essentielles de nutriments de qualité supérieure à une période de l'année où d'autres aliments frais sont inaccessibles.

La graine est un réservoir d'énergie et de nutriments nécessaires aux jeunes pousses pendant les premiers jours de leur vie. Plusieurs de ces nutriments ont une forme inactive, mais dès que la germination commence, ils subissent des modifications chimiques qui leur donnent la capacité de fournir aux jeunes plants les nutriments essentiels et facilement accessibles. En mangeant le jeune plant, nous bénéficions, nous aussi, de ces nutriments.

Si vous souhaitez faire germer vos graines, on trouve des germoirs sur le marché, mais vous pouvez obtenir des résultats comparables en utilisant un pot de verre.

Faites-le vous-mêmes

Mettez les graines dans un pot et couvrez-les d'eau de source, d'eau purifiée ou d'eau du robinet bouillie et refroidie pour disperser le chlore qu'on y a ajouté au cours de la purification. Enlevez l'eau, rincez avec de l'eau fraîche, puis laissez le pot s'égoutter pendant environ 1 min. Tendez de la mousseline ou un autre tissu semblable sur l'ouverture et attachez-la avec un élastique. Placez le pot dans un endroit chaud et sombre (un placard aéré, par exemple) pendant quelques jours, mais n'oubliez pas de rincer les graines 2 ou 3 fois par jour. Lorsque les graines ont germé, vous pouvez entreposer au réfrigérateur – pendant 5 jours au maximum –, dans un sac de plastique, toutes celles que vous ne mangez pas tout de suite. Avant de faire pousser votre récolte suivante, lavez le pot et la mousseline à l'eau chaude pour empêcher les moisissures de se développer.

Graine	Temps de trempage (en heures)	Durée de conservation (en jours)	Notes
luzerne	4	5 ou 6	Le dernier jour, exposez le pot à la lumière.
pois chiches	18 à 24	3 ou 4	Ils peuvent être cuits après 2 jours.
lentilles	16	2 pour une salade	Utilisez des lentilles entières
		5 pour les jus	et non les lentilles rouges cassées.
haricots mungo	16 à 24	2 ou 3 pour une salade	Peuvent avoir un goût amer lorsqu'ils
		4 pour faire des jus	sont exposés à la lumière.
moutarde	6 à 8	4 ou 5	Pousse sur du papier humide, à la lumière. Coupez les pousses vertes.
graines de tournesol	12	1 ou 2	Peuvent facilement s'abîmer. Manipulez-les avec soin.

QUE FAUT-IL FAIRE ENSUITE ?

Après trois mois de diète, évaluez vos symptômes.

Comment vous portez-vous ?

Ni mieux ni moins bien : il est possible que des substances chimiques présentes dans votre environnement vous empêchent de guérir. Cela se vérifie si vous vous portez mieux lorsque vous n'êtes pas à la maison ou à votre lieu de travail ou si vous avez été exposés plus longtemps au grand air. Essayez de **réduire votre exposition aux substances chimiques** et **continuez à suivre** la diète pendant encore 4 à 6 semaines (p. 48, 98 et 126-130). Si vos symptômes ne disparaissent pas, consultez un médecin spécialiste de l'environnement pour qu'il pose un diagnostic, pour qu'il fasse une **désensibilisation ou une DPE** (p. 136). Si une telle consultation est impossible, songez à entreprendre un **régime d'élimination** (p. 94).

Mieux, mais pas encore parfaitement bien : réduisez votre exposition aux substances chimiques (voir ci-dessus). Si cette réduction ne vous aide pas, essayez d'obtenir une consultation d'un médecin spécialiste de l'environnement. Si vous ne pouvez pas obtenir de consultation, vous pourriez faire des progrès en poursuivant la diète en rotation, mais vous évaluerez peut-être que l'amélioration ne justifie pas l'effort nécessaire. Vous seuls êtes en mesure de prendre cette décision. Vous pourriez aussi envisager de continuer la diète de manière moins stricte, comme on le suggère ci-dessous, ou envisager d'entreprendre **le régime d'élimination** (p. 94).

Bien mieux : continuez la diète en rotation jusqu'à ce que la plupart des **aliments** qui étaient la cause de vos symptômes (p. 98) **soient réintroduits.** Si vous ne réagissez qu'à un seul aliment, à l'occasion, vous pourriez peut-être le tolérer si vous choisissiez un aliment biologique. À ce stade, le fait de cesser votre diète pendant une journée ne posera probablement pas de problème. Lorsque vous aurez réintroduit la plupart des aliments, vous pourrez continuer la diète en la suivant de manière moins stricte et en mangeant des aliments provenant de familles qui n'ont pas provoqué de problème. Par exemple, il est possible que vous n'ayez jamais eu de problème à manger de la viande ou des produits frais. Il est cependant fortement conseillé de continuer à manger une grande variété d'aliments différents et de continuer à manger en alternance des aliments provenant des familles d'aliments qui ont causé vos symptômes. Il est possible aussi qu'en bannissant complètement ces aliments à la maison vous puissiez manger tout ce que vous voulez lorsque vous mangez ailleurs. Pour bien des gens, la manière la plus facile et la plus acceptable de vivre en société est de manger tout ce qu'on leur sert. En effet, il est quelquefois embarrassant de faire le difficile lorsqu'on mange à l'extérieur. En mangeant de tout, vous êtes plus à l'aise lorsque l'on vous invite.

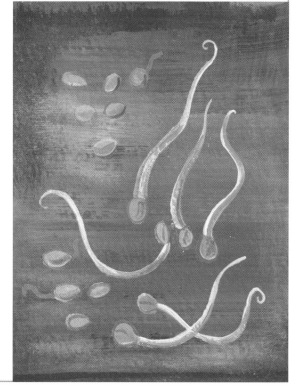

Le régime d'élimination
PREMIÈRE ÉTAPE

LE RÉGIME D'ÉLIMINATION EST UN RÉGIME TRÈS STRICT ET, POUR OBTENIR DES RÉSULTATS CONCLUANTS, IL FAUT QUE VOUS NOTIEZ PRÉCISÉMENT LES ALIMENTS QUE VOUS AVEZ EXCLUS. IDÉALEMENT, IL SERAIT PRÉFÉRABLE QUE VOUS SOYEZ SUPERVISÉS PAR UN MÉDECIN AYANT L'EXPÉRIENCE DES SOINS APPORTÉS AUX PERSONNES ENTREPRENANT CE TYPE DE DIÈTE. POUR LES ENFANTS, LES VÉGÉTARIENS ET LES PERSONNES D'UN POIDS INFÉRIEUR À LA NORMALE, CETTE SUPERVISION EST ESSENTIELLE.

Pendant la première étape, il est essentiel de ne pas manger des aliments ni de boire des boissons autres que ceux qui sont sur la liste des choses permises. Ne commencez donc votre diète que si vous êtes dans une situation où il vous est possible de contrôler parfaitement ce que vous mangez ou ce que vous buvez. Si vous prenez des médicaments, consultez votre médecin pour qu'il confirme que vous pouvez cesser de les prendre ou qu'il les change pour d'autres médicaments qui ne contiennent pas de produits dérivés d'aliments non permis. La pilule anticonceptionnelle contient du lactose. Il est donc préférable de cesser d'en prendre à la fin d'un cycle et d'utiliser immédiatement d'autres moyens anticonceptionnels.

Pendant la première semaine de la diète, le nombre d'aliments que vous pouvez manger est strictement limité. Ne mangez pas d'aliments en conserve ni d'aliments surgelés achetés à l'épicerie. Vous pouvez congeler des aliments à la maison, à condition que vous n'y ajoutiez pas d'aliments interdits. Environ 2 h avant de les manger ou de les cuire, déballez les aliments qui sont dans des sacs de plastique pour permettre aux émanations de plastique de se disperser. Évitez tous les aliments de la liste que, normalement, vous mangeriez soit quotidiennement, soit plusieurs fois par semaine. Évitez aussi ceux qui sont la cause de certains de vos symptômes.

PRÉPAREZ-VOUS
À ENTREPRENDRE LA DIÈTE !

- **Achetez ou empruntez un pèse-personne** et utilisez toujours le même.
- **Apprenez à prendre votre pouls.** Vous pouvez prendre votre pouls sur votre poignet, du côté du pouce : comptez alors les battements pendant 30 secondes et multipliez par deux. Pendant la première étape, notez votre pouls au repos, après vous être assis pendant quelques minutes. Au moment où vous réintroduirez des aliments, les changements de votre pouls vous aideront à repérer des réactions (p. 98).
- **Essayez de réduire votre exposition aux substances chimiques,** incluant la fumée de cigarette (p. 48 et 126-130). Remplacez votre dentifrice par du bicarbonate de soude. Évitez de lécher des timbres ou des enveloppes parce que la colle est à base de maïs et qu'elle contient des substances chimiques.
- **Modifiez votre journal des aliments, de vos humeurs et de vos symptômes** (p. 54) pour noter votre poids deux fois par jour et toute exposition inattendue à des substances chimiques comme le parfum d'une autre personne. Lorsque vous commencerez à réintroduire des aliments, il faudra aussi dresser une liste des aliments sécuritaires et de ceux qui ont, de toute évidence, causé des symptômes. Prenez des notes et conservez-les, car cette diète cause trop de perturbations pour que vous l'entrepreniez plus d'une fois.

Choisissez des aliments dans la liste suivante :

· **l'agneau ;**

· **le saumon, la morue, la plie, le maquereau** – frais ou surgelé, mais pas en conserve ni fumé ;

· **les poires fraîches, les kiwis ou les pêches ;**

· **les avocats, les germes de haricot** (p. 92), les patates douces, le panais, le rutabaga, le navet, les courgettes, la courge ;

· pour cuisiner, **l'huile de tournesol, de carthame ou d'olive,** mais limitez-vous à un seul type d'huile ; choisissez-en une que vous avez rarement ou pas du tout utilisée auparavant ;

· **le sel de mer, l'eau de source** – si possible dans des bouteilles de verre.

DES CASSE-CROÛTE VITE PRÉPARÉS

· Faites des frites de panais en coupant la racine dans le sens de la longueur, en quarts ou en huitièmes. Faites-les bouillir dans l'eau pendant 3 à 4 min, égouttez-les, séchez-les sur du papier essuie-tout et faites-les frire dans 3 à 4 cm (1 ¼ à 1 ½ po) d'huile.

· Coupez une patate douce en tranches fines, puis faites-la frire dans la friteuse remplie de l'huile que vous avez choisie ou mettez les morceaux dans une boîte avec un couvercle, ajoutez 1 c. à soupe d'huile dans la boîte, mettez le couvercle, puis agitez doucement jusqu'à ce que les morceaux soient enrobés d'une mince couche d'huile. Étendez-les ensuite sur une plaque et faites-les cuire au four à 230 °C (450 °F) jusqu'à ce qu'ils soient croustillants. Lorsqu'ils sont froids, conservez-les dans une boîte en métal, ils pourront alors servir de casse-croûte.

Combien de temps durera la première étape ?

Selon vos symptômes, il faut suivre la diète de 7 à 14 jours. Vous trouverez que vous mangez des repas bizarres à des moments bizarres, comme de l'agneau accompagné de patates douces au petit-déjeuner. Vous devez éviter d'avoir faim, mais ne mangez ni ne buvez aucun aliment qui ne fait pas partie de la liste. La durée de la diète peut être réduite (sauf si vous avez déjà une diarrhée) en prenant, le premier matin, 2 c. à café (2 c. à thé) de sel d'Epsom dissous dans 150 ml (⅔ tasse) d'eau de source.

Le régime d'élimination
DEUXIÈME ÉTAPE

PENDANT LES PREMIERS JOURS, VOUS VOUS PORTEREZ BEAUCOUP PLUS MAL. SI VOUS FAISIEZ DE LA RÉTENTION D'EAU, VOUS POURRIEZ PERDRE DU POIDS ET, AU REPOS, IL SE PEUT QUE VOTRE POULS SOIT PLUS LENT. CES SIGNES SONT TOUS POSITIFS PARCE QU'ILS INDIQUENT QUE L'INTOLÉRANCE ALIMENTAIRE VOUS CAUSE UN PROBLÈME. LA PLUPART DES GENS SE PORTENT BIEN MIEUX DÈS LE JOUR 7 OU 10 ET SONT PRÊTS À RÉINTRODUIRE DES ALIMENTS. (SI VOUS FAITES DE L'ARTHRITE RHUMATOÏDE, IL SE PEUT QU'IL SOIT NÉCESSAIRE DE CONTINUER À SUIVRE LE RÉGIME DE LA PREMIÈRE ÉTAPE PENDANT 14 JOURS AVANT DE RESSENTIR UNE AMÉLIORATION.) CEPENDANT, SI VOUS NE VOUS PORTEZ PAS MIEUX DU TOUT OU SI VOS SYMPTÔMES NE SONT PAS MAÎTRISÉS, IL VOUS FAUT CONSULTER UN SPÉCIALISTE. IL FAUT PEUT-ÊTRE CHANGER LES ALIMENTS PERMIS, CE QUI REQUIERT UNE CONSULTATION INDIVIDUELLE.

Ne passez à la deuxième étape que si vous avez remarqué des changements et si vous commencez à

vous sentir vraiment mieux. Puisque vous avez exclu la plupart des aliments pendant moins de 3 semaines, vous réintroduirez donc maintenant des aliments 3 fois par jour pendant la première semaine, ou à peu près, parce que vos symptômes devraient être plus intenses qu'ils ne l'auraient été après une plus longue pause. Surveillez des symptômes comme les maux de tête, les douleurs articulaires, les changements d'humeur, les symptômes respiratoires comme le nez qui coule ou une respiration sifflante, les symptômes digestifs comme la diarrhée ou des ballonnements, ou n'importe lequel de vos symptômes allergiques. Si vous ressentez des symptômes graves, il se peut que le **bicarbonate de soude ou d'autres mélanges** vous soulagent (p. 99).

Vous devriez noter tous vos symptômes dans votre **journal des aliments, de vos humeurs et de vos symptômes** (p. 54) et, à ce stade, si vous faites une réaction, blâmez toujours l'aliment que vous avez réintroduit le plus récemment et cessez immédiatement d'en manger. Pesez-vous deux fois par jour après avoir vidé votre vessie. Si votre poids augmente de plus de 450 g (1 lb) en 12 h, il est probable que vous avez mangé un aliment responsable de vos symptômes. Ajoutez à votre liste de suspects l'aliment que vous avez réintroduit le plus récemment et cessez d'en manger.

Si vous faites des erreurs, ne vous inquiétez pas, vous pouvez toujours re-tester cet aliment plus tard (p. 98). Mais si vous continuez à manger les aliments suspects ou responsables de vos symptômes, il sera plus difficile de découvrir lesquels sont la cause de vos symptômes. L'intensité des réactions peut varier, il est donc important de ne pas réintroduire d'autres aliments avant que vos symptômes soient complètement apaisés.

Attendez au moins 5 heures entre les repas qui comportent un aliment récemment réintroduit parce que vos symptômes ne se manifesteront pas toujours immédiatement. Si aucun symptôme ne se manifeste, vous pouvez ajouter cet aliment à la liste des aliments sûrs et en manger quand il vous plaira. Rappelez-vous cependant que, si vous mangez cet aliment trop souvent, vous pouvez provoquer une intolérance. Si vous avez faim entre les repas, prenez une collation comprenant des aliments sûrs et continuez à suivre une diète la plus étendue et la plus variée possible. On atteint facilement cet objectif en mangeant des fruits et des légumes frais, selon la saison, et en mangeant des céréales variées.

Réintroduisez les aliments en suivant l'ordre suggéré dans l'encadré ci-dessous et mangez-en une bonne portion de chacun. Les aliments qui y sont mentionnés sont les moins susceptibles de causer des problèmes, mais, à ce stade, il est préférable de ne pas réintroduire d'aliment que vous avez identifié comme responsable de vos symptômes.

QUE DEVEZ-VOUS FAIRE PAR LA SUITE ?

Vous êtes maintenant arrivés au moment où vous pouvez réintroduire des aliments dans votre diète, de la même manière que les personnes qui réintroduisent des aliments à divers stades des étapes du régime. Suivez les **indications générales** données aux p. 98-101. Les aliments étant réintroduits au rythme de un par jour ou un peu moins, il est possible que vous découvriez que la réaction est moins marquée. Il est donc souvent utile de **prendre votre pouls,** comme nous le suggérons à la p. 98.

Jour	Le matin	Le midi	Le soir
1	banane	céleri	riz brun
2	prune	carottes	dinde
3	melon	chou-fleur	oignons
4	raisins	chou	haricots verts
5	pomme	poireaux	épinards
6	panais	porc	brocoli

La réintroduction des aliments

Il est essentiel de réintroduire des aliments exclus pour que vous puissiez revenir à une diète aussi saine et variée que possible. Seules quelques personnes qui ont une intolérance alimentaire doivent bannir pour toujours des aliments responsables, mais les aliments les plus difficiles à réintroduire sont ceux que vous devriez exclure en premier si vos symptômes réapparaissaient.

Indications générales pour la réintroduction d'aliments

Adaptez votre journal des aliments, de vos humeurs et de vos symptômes (p. 54). Vous devriez noter toutes les expositions exceptionnelles à des substances chimiques, comme le parfum d'une autre personne, et toutes les activités qui produisent des symptômes, comme des douleurs articulaires et musculaires après une longue marche. Pendant la période de réintroduction d'aliments, dressez une liste des aliments sûrs, des aliments suspects et de ceux qui, de toute évidence, provoquent des symptômes : les aliments auxquels vous êtes intolérants.

Lorsque vous aurez exclu un aliment pendant plus de 3 semaines, il se peut que vous découvriez que vos symptômes sont très faibles lorsque vous le réintroduisez. Cependant, il faut tout noter, même ce qui ne vous paraît pas pertinent, parce qu'il est

LE TEST DU POULS

Prendre son pouls avant et après avoir mangé un aliment-test peut vous aider à identifier une réaction :

- Apprenez comment prendre votre pouls (voir p. 94).
- Asseyez-vous calmement 5 min avant de manger l'aliment-test, puis prenez votre pouls et notez-le. Mangez l'aliment en question, puis reprenez votre pouls 20, 40 et 60 min plus tard.
- Vous pouvez considérer que le test est positif si votre pouls présente une différence de plus de 10 battements/minute. Une réaction alimentaire fait généralement augmenter le pouls, mais il arrive aussi qu'elle l'abaisse.
- Dans la mesure du possible, prenez votre pouls la première fois que vous réintroduisez un aliment. Si le test est négatif, vous n'avez pas à le refaire. S'il est positif, cessez de manger l'aliment en question et mettez-le sur votre liste des aliments responsables d'allergies ou suspects.

possible qu'une tendance se dessine. Vous pouvez quelquefois découvrir une réaction en vous pesant deux fois par jour, soit nus, soit en vêtements de nuit, une fois que vous aurez vidé votre vessie. Une augmentation de poids de plus de 450 g (1 lb) entre deux pesées consécutives peut indiquer une réaction, sauf si vous venez tout juste de prendre votre repas du soir. Prendre votre pouls peut aussi se révéler utile (voir encadré ci-dessus).

Vous pouvez ajouter à la liste des aliments sûrs n'importe quel aliment qui ne provoque pas de réaction. Vous êtes alors libres d'en manger n'importe quand, mais pas trop souvent. Continuez à exclure tout aliment qui provoque une réaction. Si vous avez un doute, continuez à exclure cet aliment, vous pourrez toujours tester encore un aliment suspect plus tard. Notez vos symptômes et le moment où ils se produisent. Lorsque vous évaluerez vos progrès, vous découvrirez peut-être aussi qu'il est utile d'évaluer vos symptômes en leur donnant une note sur dix – dix étant un symptôme grave et zéro étant une absence de symptôme. Les symptômes peuvent devenir plus graves chaque fois que vous soumettez le même aliment à un test.

Si vous faites une réaction, ne testez pas d'autres aliments tant que vos symptômes ne seront pas entièrement apaisés. Pour accélérer l'apaisement de vos symptômes, vous pouvez prendre l'un des mélanges suggérés (voir l'encadré ci-dessous). Attendez toujours pendant au moins 5 jours avant de re-tester un aliment que vous croyez responsable d'une réaction.

SOULAGER LES SYMPTÔMES D'UNE RÉACTION

Vous pouvez habituellement neutraliser une réaction causée par un aliment testé en prenant un des mélanges ci-dessous :

- 2 c. à café (2 c. à thé) de bicarbonate de sodium dissous dans 150 ml (²/₃ tasse) d'eau chaude ;
- 2 c. à café (2 c. à thé) de bicarbonate de sodium et 1 c. à café (1 c. à thé) de bicarbonate de potassium dissous dans 150 ml (²/₃ tasse) d'eau chaude. Il est possible que vous ayez de la difficulté à trouver du bicarbonate de potassium. Votre pharmacien peut sans doute en commander pour vous ;
- ½ à 1 c. à café (½ à 1 c. à thé) de vitamine C en poudre avec une pincée de bicarbonate de sodium dissous dans 150 ml (²/₃ tasse) d'eau chaude.

Si vos symptômes persistent, vous pouvez prendre une autre dose, une fois, 4 à 6 h plus tard.

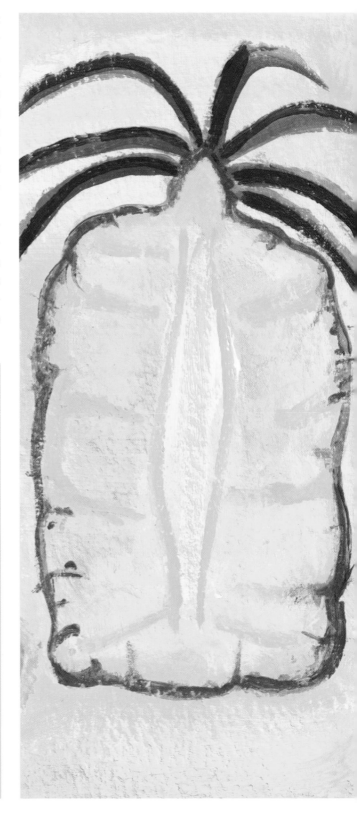

Tester les aliments que vous mangez le plus souvent

	LES ALIMENTS QUE VOUS DEVEZ TESTER EN PREMIER
Jour 1	L'eau du robinet
Jour 2	Le lait de vache, un verre à chaque repas
Jours 3, 4 et 5	Le blé : un spaghetti de blé entier, sans œufs ou des céréales de blé entier, sans sucre
Jour 6	Le thé : le type de thé que vous buvez habituellement
Jour 7	Le lait de soya*
Jour 8	Le fromage cheddar
Jour 9	Le sucre de betterave
Jours 10 et 11	Des flocons d'avoine en porridge ou des galettes d'avoine (vérifiez sur l'étiquette si des ingrédients sont ajoutés)
Jour 12	Les œufs : un par repas
Jour 13	Le café moulu (pas instantané, voir l'encadré ci-contre)
Jour 14	Le beurre
Jours 15 et 16	Le maïs* : mangez un épi de maïs à chaque repas ; en plus, 2 c. à café (2 c. à thé) de poudre de glucose pur qui est un dérivé du maïs
Jour 17	Du chocolat nature de bonne qualité : sautez cette étape si vous avez réagi au maïs, au blé ou au sucre
Jour 18	Les champignons
Jour 19	Les arachides : choisissez des cacahuètes en vrac, sans additif, dans un magasin d'aliments naturels
Jour 20	La canne à sucre
Jour 21	Les oranges
Jour 22	Les pommes de terre
Jours 23 et 24	Le seigle : testez-le en mangeant des pains suédois de seigle pur
Jour 25	La levure : deux comprimés de levure de bière trois fois pendant la journée
Jour 26	Le malt* : à chaque repas, mélangez 2 c. à café (2 c. à thé) d'extrait de malt à un aliment sûr

* N'omettez pas de porter attention à ces aliments, même si vous n'en mangez pas comme tel – ils sont couramment utilisés dans les aliments transformés. Il est donc important de savoir s'ils sont sûrs ou non pour vous.

Introduisez les nouveaux aliments dans l'ordre indiqué à la p. 100. Puisqu'on arrive à ce stade après avoir franchi différentes étapes du régime, les aliments exclus ne seront pas les mêmes pour chacune des personnes. Si vous mangez déjà l'un des aliments-tests, passez simplement au test du jour suivant. Évitez de tester tout aliment que vous croyez responsable d'une allergie parce que l'objectif de cette étape est de vous donner rapidement un bon choix d'aliments. Mangez une portion raisonnable de l'aliment-test à chaque repas pendant un jour ou plus, tel qu'indiqué, mais cessez si vous avez une réaction ; incluez alors l'aliment aux listes des aliments **suspects ou qui provoquent une réaction** (p. 94). Si vous n'avez pas de symptôme, ajoutez l'aliment à la liste des aliments sûrs.

Même si vous avez maintenant un assez grand choix d'aliments, c'est le moment de tester tout aliment ne comprenant qu'un seul ingrédient qui a été exclu de votre diète et que vous avez une grande envie de manger de nouveau. Si vous n'avez pas réagi à la levure, vous pouvez même boire votre boisson alcoolique préférée.

Avant de continuer et de manger des aliments comprenant plusieurs ingrédients, il faut que vous testiez votre réaction aux substances chimiques qu'on trouve couramment dans les aliments (voir ci-dessous).

SI VOUS DEVEZ VOUS ÉCARTER DE VOTRE DIÈTE...

Il peut arriver que les circonstances vous empêchent de suivre votre diète. Vous devez alors manger des aliments qui ne sont pas sur la liste des aliments permis. Dans ce cas, recommencez simplement à manger, pendant 5 jours, des aliments que vous savez être sûrs. Recommencez ensuite le programme de tests, en commençant au moment où vous l'avez interrompu.

TESTEZ VOTRE RÉACTION AUX SUBSTANCES CHIMIQUES COURANTES

Jour 1	Le pain blanc (à condition que le blé et la levure soient des aliments que vous tolériez bien). C'est un test pour vérifier vos réactions aux anti-durcisseurs et aux décolorants.
Jour 2	Les raisins secs : ils sont traités avec des **agents de conservation au sulfite** (p. 38).
Jour 3	Le café instantané de bonne qualité : il contient plusieurs substances chimiques. Notez que les marques économiques contiennent souvent du maïs.
Jour 4	Les carottes en conserve (à condition que vous tolériez bien les carottes fraîches). Une réaction indique que vous êtes intolérants au revêtement intérieur en résine de la boîte de conserve. Il faudra donc que vous soyez prudents lorsque vous mangerez d'autres conserves.
Jour 5	**Le glutamate monosodique** (p. 38) : saupoudrez l'aliment que vous mangez d'un peu de cet aromatisant.
Jour 6	**Les édulcorants artificiels :** on en trouve souvent dans les aliments dont les étiquettes indiquent « sans sucre ajouté ». Vous devriez les tester séparément.
Jour 7	Le bacon (à condition que vous tolériez bien le porc) : vous testez vos réactions aux **nitrites et aux nitrates** (p. 39).

Revenir à un régime normal

CONTINUEZ À AJOUTER À VOTRE DIÈTE DES ALIMENTS À INGRÉDIENT UNIQUE QUE VOUS AVEZ EXCLUS, MAIS QUE VOUS SOUHAITEZ MANGER DE TEMPS À AUTRE. POUR QUE CE SOIT PLUS CLAIR, AJOUTEZ-LES UN À LA FOIS ET CONTINUEZ À TENIR VOTRE JOURNAL DES ALIMENTS, DE VOS HUMEURS ET DE VOS SYMPTÔMES POUR NOTER TOUTE RÉACTION. VOUS POUVEZ ENSUITE COMMENCER À TESTER DES ALIMENTS À INGRÉDIENTS MULTIPLES COMME LES GÂTEAUX, LES BISCUITS, LES CONFITURES ET LES SAUCES. CEPENDANT, LISEZ ATTENTIVEMENT LES ÉTIQUETTES APPOSÉES SUR CES ALIMENTS ET ÉVITEZ CEUX AUXQUELS VOUS AVEZ RÉAGI JUSQU'À CE QUE VOUS SACHIEZ QUE VOUS LES TOLÉREZ BIEN SI VOUS EN MANGEZ SEULEMENT DE TEMPS À AUTRE.

Décelez les problèmes

Il est quelquefois difficile de déterminer quel aliment ne provoquera aucune forme d'allergie. Certains symptômes peuvent réapparaître même si vous n'avez réagi clairement à aucun des aliments que vous avez testés. Si vous êtes confus, les conseils ci-dessous seront peut-être utiles :

- Consultez la liste des **familles d'aliments** (p. 76-79) et, pendant quelques jours, excluez tous les aliments qui sont de proches parents de ceux qui ont provoqué une forte réaction. Si cela ne fonctionne pas, revenez au stade auquel vous étiez la dernière fois que vous vous portiez bien et ne mangez que des aliments que vous tolérez bien pendant quelques jours avant de recommencer à faire des tests. Il se peut qu'il soit alors nécessaire de refaire des tests en mangeant de plus grosses portions et en faisant ces tests pendant deux fois plus de jours. Si vous n'avez pas **pris votre pouls** (p. 98), il se peut que vous découvriez que cela vous aide à identifier plus clairement les aliments auxquels vous réagissez.

- Vérifiez la quantité de caféine que vous consommez. Même si le café, le thé et le chocolat n'ont pas semblé provoquer de réaction lorsque vous les avez réintroduits un à un, il se peut que la dose cumulée de caféine provoque des symptômes et qu'elle fausse les résultats des tests.

- Il se peut que vous ayez commencé à consommer trop d'additifs chimiques. Refaire les tests avec des aliments biologiques peut vous permettre d'obtenir des résultats plus clairs. Évitez de manger trop d'aliments transformés ou préparés.

- Il est possible que vous ayez besoin des conseils d'un spécialiste.

N'oubliez pas. . .

Toutes les personnes qui ont des prédispositions aux intolérances alimentaires découvriront sans doute que c'est un problème récurrent. À ce stade, vous avez déjà consacré beaucoup d'efforts pour tenter de maîtriser ce problème. Il vous faudra cependant demeurer vigilants si vous voulez continuer à bien vous porter.

· **Conservez une diète aussi saine et aussi variée que possible** (p. 106-113).

· **Faites régulièrement de l'exercice** (p. 118) et **gérez votre stress** (p. 122) pour aider votre système immunitaire à rester en santé.

· **Si vos symptômes réapparaissent, référez-vous à votre journal des aliments, de vos humeurs et de**

QUE FAIRE ENSUITE ?

Puisque vous disposez maintenant d'une liste d'aliments que vous tolérez bien, vous pouvez commencer à refaire des tests portant sur des aliments qui sont sur votre liste d'aliments suspects. Si vous découvrez que vous ne semblez plus y réagir, vous pouvez les réintroduire en les mangeant, au maximum, une ou deux fois par semaine.

· Attendez de 6 à 12 mois avant de réintroduire des aliments auxquels vous avez réagi plus fortement ou que vous avez exclus de votre programme de réintroduction parce qu'ils avaient déjà provoqué des symptômes.

· Lorsqu'il semble que ces aliments ne causent plus de problème, mangez-en à l'occasion. Si vous faites une allergie saisonnière comme le rhume des foins, vous découvrirez peut-être que vous pouvez consommer ces aliments tant que vous voulez, sauf pendant la saison où les symptômes du rhume des foins apparaissent (voir aussi, les **réactions croisées,** p. 130). Si votre liste d'aliments à problèmes est importante, il est peut-être nécessaire d'entreprendre une **neutralisation,** une **désensibilisation par enzyme (DPE)** (p. 136) ou une **désensibilisation homéopathique** (p. 117).

vos symptômes et excluez pendant une semaine les aliments que vous avez déjà identifiés comme responsables de vos réactions ; réintroduisez-les ensuite un à un en suivant les recommandations des p. 98-101. Si cela s'avère nécessaire, tenez, pendant 2 semaines, un nouveau journal des aliments, de vos humeurs et de vos symptômes (p. 54) en notant, tout particulièrement, les aliments que vous mangez souvent. Excluez-les pendant une semaine et réintroduisez-les de la même manière.

· **Occupez-vous sans délai de vos faims insatiables.** Elles signalent une nouvelle intolérance ou la récidive d'une ancienne. Excluez pendant une semaine le ou les aliments dont vous avez un besoin maladif et réintroduisez-le ou réintroduisez-les en le mangeant ou en les mangeant une fois par semaine.

Faites
des changements

Les changements de mode de vie

GARDER SON SYSTÈME IMMUNITAIRE EN BONNE SANTÉ FAIT PARTIE DES MESURES EFFICACES POUR MAÎTRISER LES ALLERGIES. UN PREMIER PAS POUR Y ARRIVER EST DE LUI FOURNIR LES NUTRIMENTS DONT IL A BESOIN : SUIVRE UN RÉGIME RICHE EN NUTRIMENTS ET, PEUT-ÊTRE, CONSOMMER DES SUPPLÉMENTS NUTRITIFS AINSI QUE DES PLANTES MÉDICINALES. DES EXERCICES RÉGULIERS ET UNE BAISSE DU NIVEAU DE STRESS DANS SA VIE Y CONTRIBUENT AUSSI : ON A DÉMONTRÉ QUE CES DEUX MESURES AMÉLIORAIENT L'EFFICACITÉ DU SYSTÈME IMMUNITAIRE.

Mangez bien et restez en forme

Bien manger ne signifie pas consommer le nombre de calories qui convient le mieux à sa taille et à son niveau d'activité. Il s'agit plutôt de bien nourrir les différentes parties de son corps, système immunitaire inclus, pour stimuler celles qui sont fatiguées et pour leur fournir des ressources énergétiques au moment où l'on en a besoin.

Chaque jour, vous avez besoin de vous procurer des protéines, des glucides et des matières grasses. Idéalement, ces nutriments devraient faire partie de chaque repas. Les aliments qui en contiennent fournissent aussi les 22 minéraux et les 13 vitamines qui sont essentiels si l'on veut éviter certaines maladies causées par des déficiences. Les scientifiques découvrent même, petit à petit, qu'il y a encore plus de composants bénéfiques qu'on le pensait dans les fruits et les légumes. C'est seulement en consommant une grande variété d'aliments que vous obtiendrez suffisamment de ces nutriments vitaux.

L'EAU EST ESSENTIELLE À LA VIE

Si vous ne mangez pas bien, vous mourrez un jour, mais si vous ne buvez pas, vous mourrez encore plus vite parce que l'eau joue un rôle essentiel à chaque fonction du corps. Vous devriez boire tous les jours de 6 à 8 grands verres d'eau. Si vous voulez, vous pouvez lui donner du goût en y ajoutant un peu de jus de fruits ou une tranche de fruit.

Les infusions d'herbes et de fruits ainsi que les substituts du café à base de racines de pissenlit, de chicorée, d'orge ou de seigle sont aussi des boissons saines. Vous pouvez également boire du thé et du café ordinaires, des colas et de l'alcool, en quantités limitées, mais, attention, ils augmentent tous le volume d'urine que vous évacuez et contribuent ainsi à la déshydratation. Cela peut provoquer des maux de tête, des étourdissements, une confusion mentale, de la fatigue, une peau sèche et de la constipation ; ils peuvent aussi augmenter le risque d'infections.

Les protéines pour entretenir le corps

LES PROTÉINES SONT INDISPENSABLES POUR CONSTRUIRE ET RÉPARER DIFFÉRENTES PARTIES DU SYSTÈME IMMUNITAIRE, LES TISSUS DU CORPS, AINSI QUE DE NOMBREUX MESSAGERS CHIMIQUES DES HORMONES ET DES ENZYMES NÉCESSAIRES AU MAINTIEN DE LA SANTÉ ET DES FONCTIONS NORMALES DU CORPS.

Les acides aminés font partie du jeu de blocs qui sert à la construction des protéines. Nous absorbons tous les acides aminés dont nous avons besoin lorsque nous mangeons des protéines de source animale comme de la viande, des poissons, des œufs et des produits laitiers. Les plantes fournissent une variété plus limitée d'acides aminés parce que la plus grande partie des protéines végétales est emmagasinée dans les graines, les noix et les céréales pour produire la génération suivante. Pour obtenir tous les acides aminés de source végétale, il faut manger plus d'un type de protéines végétales. Cependant, contrairement à ce que l'on pensait, les protéines végétales ne sont pas des protéines de deuxième ordre. Ce sont plutôt des ensembles qui contiennent des **fibres** (p. 109) et des **acides gras essentiels** (p. 110) et qui devraient faire partie de toutes les diètes.

Il n'est pas facile de juger quelle quantité de protéines il faut manger ni d'arriver à un bon équilibre entre les protéines et les glucides. Un gros morceau de viande ou de poisson et quelques légumes peuvent vous procurer trop de protéines et pas assez des vitamines que l'on trouve dans les légumes et les fruits. Un plat principal de pâtes blanches à la sauce tomate ne contient pas assez de protéines et pourra manquer d'acides aminés essentiels. Pour compliquer encore les choses, dans ces deux plats, la quantité de protéines et la quantité de glucides sont déséquilibrées. Chez certaines personnes, cela peut provoquer une instabilité des taux de sucre dans le sang, ce qui peut affecter les réserves d'énergie et entraîner une faim insatiable de sucre. Un surplus de sucre peut empêcher le système immunitaire de fonctionner correctement.

On obtient un bon équilibre entre les protéines et les glucides en mangeant une portion raisonnable de protéines faibles en matières grasses comme de la viande, du poisson, des œufs ou des produits laitiers et une généreuse portion de **légumes** et de **fruits** qui ne contiennent pas de féculents (p. 108). Si vous souhaitez manger davantage de féculents, recherchez ceux qui contiennent des fibres naturelles comme les pommes de terre en robe des champs et les céréales à grains entiers. Mangez-en une moins grande quantité et équilibrez le tout avec à peu près la même quantité d'un protéagineux ainsi qu'avec une bonne quantité de fruits et légumes non féculents.

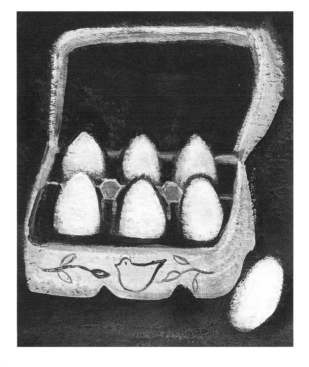

Les glucides et l'énergie

UNE RÉACTION ENTRE LE DIOXYDE DE CARBONE ET L'EAU SE PRODUIT DANS LES PLANTES, GRÂCE À L'ÉNERGIE DU SOLEIL. CELA ENTRAÎNE LA FORMATION DES HYDRATES DE CARBONE OU GLUCIDES QUI LIBÈRENT DE L'ÉNERGIE DANS NOS CORPS LORSQU'ILS REPRENNENT LA FORME DE LEURS COMPOSANTS ORIGINAUX APRÈS AVOIR ÉTÉ MANGÉS. DU POINT DE VUE CHIMIQUE, LES HYDRATES DE CARBONE OU GLUCIDES SONT DES TYPES DIFFÉRENTS DE SUCRES. LA PLUPART DES LÉGUMES ET DES FRUITS À JUS SONT DE BONNES SOURCES DE CES SUCRES PARCE QUE, EN PRÉSENCE D'EAU, ILS SE DILUENT. CE SONT, EN PLUS, DE BONNES SOURCES DE MINÉRAUX ET DE VITAMINES ET, PARCE QU'ILS NE CONTIENNENT PAS BEAUCOUP DE CALORIES, ON PEUT EN CONSOMMER EN GRANDE QUANTITÉ.

Lorsqu'une plante emmagasine de l'énergie pour un usage futur, elle lie les molécules entre elles pour former une longue molécule de féculent. Un féculent est une forme concentrée d'énergie, mais le corps doit retransformer ce féculent en sucre avant de l'utiliser. Les aliments féculents dégagent donc de l'énergie lentement, pendant de nombreuses heures. Par conséquent, ces aliments trompent la faim entre les repas, mais ce sont des sources d'énergie concentrée et on doit en limiter la quantité.

Lorsque les hydrates de carbone sont absorbés sous forme d'aliments complets, ils contiennent une grande quantité de **fibres** (p. 109) qui ralentissent l'émission de sucre dans le sang. Ils sont aussi naturellement riches en minéraux et en vitamines qui se perdent lorsque les aliments sont transformés en sucre et en farine. En mangeant de trop grandes quantités de sucre raffiné, vous pouvez nuire à la capacité du corps de contrôler le niveau de sucre dans le sang, provoquant ainsi une maladie appelée la résistance à l'insuline, où le taux de sucre reste trop élevé. Cela peut endommager les tissus du corps et aussi réduire l'efficacité du système immunitaire.

Le sucre caché

Il semble que les humains ont un goût inné pour les aliments sucrés, ce qui leur était bénéfique dans le temps où on se régalait de fruits d'automne sucrés pour accumuler des matières grasses en vue des jours maigres de l'hiver. De nos jours, comme il est facile d'obtenir du sucre, de nombreuses personnes en sont dépendantes. Les manufacturiers en sont conscients et ajoutent du sucre à presque toutes les céréales que l'on mange au petit-déjeuner et à d'autres éléments savoureux comme les soupes et les chips. Dans les aliments dont on fait la promotion en affirmant qu'ils contiennent peu de matières grasses, celles-ci sont souvent remplacées par le sucre. Essayez de limiter votre consommation de sucre à 55 g (2 oz) par jour. Cela semble énorme, mais si vous lisez les étiquettes des aliments, vous constaterez qu'il est facile de dépasser cette quantité. En moyenne, on mange environ trois fois cette quantité chaque jour.

Les édulcorants artificiels ne sont pas une solution à ce problème. Ils ne contribuent pas à réhabituer les papilles gustatives et ne mettent pas un terme aux faims insatiables de sucre – qui peuvent éventuellement disparaître. Il faut que les édulcorants soient transformés par le corps et ils sont souvent décomposés en substances moins désirables qui stressent le système immunitaire.

LA DIÈTE ARC-EN-CIEL

Faites votre propre mélange phytochimique en consommant régulièrement des fruits et des légumes rouges, jaunes, violets, bruns et verts. Vous pouvez aussi leur ajouter un verre de vin rouge et un morceau de chocolat fait de 70 % de cacao !

Utilisez la pharmacie verte

Les aliments à base de plantes tirent leurs couleurs et leurs saveurs caractéristiques d'une importante série de composants qu'on appelle substances phytochimiques. Il semble que ces substances, en agissant comme régulatrices du système immunitaire des plantes, les aident à vaincre la déshydratation, les blessures et les infections virales. On croit qu'elles nous transmettent ces mêmes avantages lorsque nous mangeons les plantes.

Chaque jour, dans notre corps, l'activité biochimique normale produit des molécules dangereuses appelées radicaux libres. Ces radicaux libres peuvent provoquer certains dommages importants à l'intérieur des cellules, incluant des dommages génétiques. On pense qu'ils sont peut-être, au moins en partie, responsables des changements que nous constatons et que nous appelons « vieillissement ». Il semble que les substances phytochimiques combattent ces radicaux libres ; elles fortifient aussi le système immunitaire pour l'aider à vaincre l'infection et il est possible qu'elles contribuent à la prévention du cancer.

Jusqu'à maintenant, nous ne savons pas encore comment équilibrer les substances phytochimiques en les prenant sous forme de suppléments. Les quelques expériences tentées en utilisant cette approche n'ont pas fonctionné. Cependant, il existe des preuves scientifiques très valables des avantages, pour la santé, de la consommation de diverses substances phytochimiques sous forme de mélanges naturels dans une diète riche en fruits, en légumes, en fèves et en céréales entières. Idéalement, votre diète devrait comporter, chaque jour, de 3 à 5 portions de légumes et de 2 à 4 portions de fruits. Une portion correspond à 85 g (3 oz).

LES ALIMENTS RICHES EN FIBRES

Chacune des portions suivantes contient environ 5 g (¼ oz) de fibres :

- **50 g (1 ¾ oz) de farine de blé entier** ou de pâtes non cuites ;
- **150 g (5 oz) de farine blanche ;**
- **85 g (3 oz) de framboises,** de mûres, de raisins de Corinthe, de raisins ou de graines de tournesol ;
- **75 g (2 ½ oz) de haricots de Soissons, de haricots nains, de haricots de Lima** cuits ou de farine d'avoine non cuite ;
- **30 g (1 oz) de pruneaux non cuits** ou de figues séchées ;
- **2 pommes moyennes,** 2 bananes, 2 oranges ou 2 poires ;
- **1 épi de maïs.**

Évitez une pénurie de fibres

La plupart des Occidentaux ne mangent pas suffisamment de fibres. En soi, les fibres n'ont pas une grande valeur nutritive parce qu'elles ne sont pas entièrement digérées, mais elles contribuent à un bon équilibre des bactéries dans le gros intestin et produisent des selles plus volumineuses. Des selles plus volumineuses sont plus facilement éliminées, ce qui, généralement, apaise les symptômes du côlon irritable (SCI). Un régime riche en fibres réduit aussi le risque de cancer du côlon, de diverticulose ou d'hémorroïdes. Elles contribuent également à réduire le taux de cholestérol. Vous devriez vous fixer comme objectif de consommer environ 30 g (1 oz) par jour de fibres alimentaires, ce qui est facilement atteignable en mangeant quotidiennement des céréales entières et de 5 à 8 portions de fruits et légumes.

Les matières grasses sont essentielles à la santé

ON A SOUVENT DIT QUE LES MATIÈRES GRASSES ALIMENTAIRES ÉTAIENT RESPONSABLES DE NOMBREUX PROBLÈMES DE SANTÉ, MAIS TOUS LES TYPES DE MATIÈRES GRASSES NE SONT PAS IDENTIQUES ET LEURS STRUCTURES CHIMIQUES SONT DIFFÉRENTES. CERTAINS TYPES SONT ESSENTIELS, C'EST-À-DIRE QU'ILS NE PEUVENT ÊTRE PRODUITS DANS L'ORGANISME, ILS DOIVENT FAIRE PARTIE DU RÉGIME ALIMENTAIRE. D'AUTRES CONTRIBUENT AUX MALADIES CARDIAQUES, LEUR CONSOMMATION DOIT DONC ÊTRE RÉDUITE.

Idéalement, on devrait limiter la consommation de matières grasses saturées qu'on trouve dans les produits laitiers et dans les viandes d'élevage. De plus, vous devriez éviter les matières grasses hydrogénées qu'on trouve dans plusieurs types de margarine et dans des aliments transformés comme les biscuits. Les matières grasses hydrogénées ont été modifiées au cours de la transformation et le corps a plus de diffi-

LES ACIDES GRAS ESSENTIELS

Les acides gras oméga-3
Les poissons gras : le saumon, le maquereau, la sardine, le thon et les anchois. Les sources végétales : les graines de lin, les graines de citrouille, les noix, les germes de blé, les graines de canola et les graines de chanvre.

Les acides gras oméga-6
Les graines de tournesol, les graines de carthame, les graines de sésame, les graines de canola, les graines d'onagre et de bourrache, les pépins de raisin, les graines de chanvre, les fèves de soya et les graines de citrouille.

Les acides gras oméga-9
L'huile d'olive et les avocats.

Les huiles insaturées des suppléments alimentaires ou celles que l'on utilise en cuisine doivent être pressées à froid. Conservez les huiles oméga-3 et oméga-6 dans des bouteilles foncées, dans un endroit sombre et frais.

culté à les assimiler de manière sécuritaire. Ces deux types peuvent aggraver une inflammation, donc, aggraver les symptômes de l'eczéma, de l'asthme et de l'arthrite.

De nombreuses personnes préoccupées par leur état de santé ont choisi de bannir la viande et les produits laitiers de leur régime alimentaire. Ce choix n'est pas très raisonnable, puisque ces aliments sont des sources de minéraux. Une certaine quantité de matières grasses est essentielle pour permettre aussi l'absorption de vitamines A, D et E, solubles dans les matières grasses (p. 113). Cependant, vous pouvez en manger en quantité limitée en consommant de petites portions de viande maigre, de la viande blanche sans la peau, du gibier (qui contient une plus grande proportion de matières grasses non saturées), du poisson et des produits laitiers à faible teneur en matières grasses.

Les bonnes matières grasses

Les matières grasses essentielles sont les acides gras oméga-3 et oméga-6 polyinsaturés qui sont nécessaires à la bonne santé des membranes cellulaires et pour contrebalancer certaines inflammations provoquées par des matières grasses malsaines. Ces matières grasses, habituellement liquides à la température ambiante, sont souvent appelées huiles.

Cependant, les huiles polyinsaturées ne doivent pas être utilisées pour cuisiner parce que leur composition chimique se modifie lorsqu'elles sont chauffées ou exposées à l'air. Les huiles monoinsaturées sont plus stables et leur composition chimique n'est pas modifiée. Ces huiles contribuent à empêcher la peau de s'assécher et à empêcher les parois des artères de durcir.

Où trouver des huiles saines ?

Toutes les parties des plantes contiennent de petites quantités d'huiles saines – ce qui est une autre bonne raison de manger beaucoup de fruits et légumes, particulièrement des légumes verts comme les épinards, le pourpier et le chou frisé. Cependant, la concentration la plus élevée d'huile végétale se trouve dans les graines, les noix et les céréales de grains entiers. Les poissons gras contiennent aussi des huiles oméga-3.

Les vitamines, les minéraux et autres suppléments

AVONS-NOUS BESOIN DE PRENDRE DES SUPPLÉMENTS VITAMINIQUES ET MINÉRAUX ? IL EXISTE TOUJOURS UNE CONTROVERSE À CE SUJET. CERTAINS NUTRITIONNISTES CROIENT QUE LE MEILLEUR RÉGIME NE COMPORTE PAS SUFFISAMMENT DE NUTRIMENTS ESSENTIELS PARCE QUE LES VITAMINES SE PERDENT PENDANT L'ENTREPOSAGE, PARCE QU'ON FAIT MÛRIR ARTIFICIELLEMENT LES FRUITS ET LÉGUMES ET AUSSI PARCE QUE LES ENGRAIS CHIMIQUES UTILISÉS DANS L'AGRICULTURE MODERNE NE CONTIENNENT PAS TOUS LES MINÉRAUX.

Si vous souhaitez prendre des suppléments vitaminiques et minéraux, assurez-vous de bien suivre ces recommandations :

· **Lisez toujours les étiquettes** avec soin et ne dépassez pas la posologie recommandée par le fabricant. Essayez d'éviter de mélanger des suppléments de sources différentes, car certaines vitamines et certains minéraux sont toxiques. Consultez un spécialiste si vous devez prendre des suppléments de plus d'une source, ou si la dose totale d'un supplément minéral ou vitaminique dépasse celle qui est indiquée sur le tableau ci-contre.

· **Pendant que vous suivez le régime, prenez des préparations de vitamines sans levure** et assurez-vous que la marque que vous prenez ne contient pas d'additifs que vous devez exclure au cours des étapes du régime.

· **Si vous avez une maladie,** si vous prenez des médicaments régulièrement, s'il est possible que vous soyez ou si vous êtes enceintes, consultez votre médecin ou votre nutritionniste avant de prendre tout supplément ou toute préparation de plante médicinale.

· **Sauf si votre nutritionniste a fait une recommandation différente,** prenez toujours des vitamines B contenues dans une préparation de multi-vitamines. Les doses sont déjà équilibrées par le fabricant.

Les probiotiques et les prébiotiques

Le sain équilibre des micro-organismes dans le système digestif peut être compromis si vous faites une intolérance alimentaire, si vous avez un syndrome du côlon irritable ou un problème de candidose. De récentes recherches appuient la théorie selon laquelle des suppléments probiotiques contenant les importants micro-organismes *Lactobacillus acidophilus* et *Bifidobacterium bifidum* peuvent rétablir l'équilibre. Malheureusement, ces micro-organismes sont fragiles et ne survivent pas bien dans des capsules. Le professeur Hamilton-Miller du Royal Free and University College Medical School de Londres a récemment découvert que seulement 12 suppléments parmi un échantillon de 40 contenaient le bon nombre et le bon type de micro-organismes indiqués sur l'étiquette. Manger du yogourt nature produit avec les mêmes micro-organismes est une meilleure solution.

Vous pouvez aussi augmenter le nombre de micro-organismes amicaux dans votre système digestif si vous mangez un supplément de fibres appelé fructo-oligosaccharides (FOS). Les FOS sont des dérivés d'aliments comme les bananes, les artichauts de Jérusalem, les oignons et l'ail.

Les prébiotiques ne se digèrent pas, mais ils constituent une bonne source d'alimentation pour les micro-organismes qui sont dans le tube digestif. Il est préférable de commencer par de petites doses, car ces substances peuvent occasionner des ballonnements, puis d'augmenter graduellement jusqu'aux doses recommandées par le fabricant.

LA DOSE RECOMMANDÉE — LES MEILLEURES SOURCES D'ALIMENTS

Vitamine A	2500 à 5000 UI	Les produits laitiers entiers, les poissons gras, le foie et les jaunes d'œufs
Vitamine B1	5 à 10 mg	Les céréales de grains entiers, les légumes, la levure séchée, le yogourt, les viandes maigres, les figues, les dattes, les œufs, la mélasse, les noix, le poisson, les légumes à feuilles vertes, les abricots, la citrouille, le foie et l'extrait de levure
Vitamine B2	5 à 15 mg	
Vitamine B3	10 à 50 mg	
Vitamine B6	10 à 20 mg	
Acide pantothénique	20 à 50 mg	
Acide folique	400 à 600 µg	
Vitamine B12	20 à 100 µg	Le foie, les rognons, les œufs, le lait et le fromage
Vitamine C	200 à 1000 mg	Les agrumes, les kiwis, les légumes à feuilles vertes, le brocoli, les pommes de terre nouvelles, les patates douces et les germes de haricot
Vitamine D	50 à 400 UI	Les poissons gras, les huiles de foie de poisson, les jaunes d'œufs et les produits laitiers entiers
Vitamine E	60 à 400 UI	Le germe de blé, les noix, les légumes à feuilles vert foncé, les céréales complètes et les graines
Mélange de carotène	5 à 20 mg	Les légumes à feuilles vertes, ainsi que les fruits et les légumes rouges et oranges
Calcium	300 à 500 mg	Les produits laitiers, les noix, les graines, le brocoli, les sardines et la mélasse
Magnésium	300 à 500 mg	Les légumes à feuilles vert foncé, les graines, les noix, les raisins, les oignons, la mélasse, les champignons et les pommes de terre
Fer	5 à 15 mg	La viande rouge, les légumes verts, les algues et les graines de tournesol (les suppléments ne sont pas recommandés aux femmes, après la ménopause, si elles mangent de la viande rouge, ni aux hommes)
Zinc	10 à 20 mg	Les noix, les graines, la viande, les sardines, le thon et les céréales complètes
Manganèse	5 à 20 mg	Les noix, les légumes à feuilles vertes, les betteraves, les jaunes d'œufs et les pois
Cuivre	1 à 3 mg	Le foie, les fruits de mer, la levure de bière, les olives, les noix et la farine d'avoine
Chrome	50 à 300 µg	Les céréales complètes, les crustacés, le foie, les œufs, la laitue et les bananes
Sélénium	50 à 100 µg	Les germes de blé, les noix du Brésil, le brocoli, les fruits de mer et les tomates
Iode	50 à 100 µg	Les légumes de mer, les algues, le poisson et le sel iodé

Note : mg = milligramme, µg = microgramme, UI = unité internationale.

Les suppléments de plantes médicinales

LORSQUE VOUS UTILISEZ DES PLANTES MÉDICINALES OCCIDENTALES OU CHINOISES, SOYEZ PRUDENTS ET CONSULTEZ TOUJOURS UN THÉRAPEUTE. MÊME SI LES PLANTES MÉDICINALES SONT EFFICACES, IL EST POSSIBLE QUE VOUS DEVENIEZ ALLERGIQUES À CES PLANTES OU À DES INGRÉDIENTS UTILISÉS POUR LES FABRIQUER. CERTAINES PLANTES PERMETTANT DE SOIGNER LES ALLERGIES PEUVENT DÉJÀ FAIRE PARTIE DE VOTRE DIÈTE, VOUS POUVEZ VOUS PROCURER LES AUTRES DANS UNE BOUTIQUE DE PRODUITS NATURELS.

L'ALOÈS

L'aloès stimule le système immunitaire et réduit l'inflammation. On a démontré qu'il soulageait l'asthme, mais pas chez les personnes qui ont aussi besoin de prendre des stéroïdes. Lorsqu'on l'applique sur la peau, l'aloès aide à cicatriser, mais il faut l'utiliser avec prudence parce qu'il peut déclencher une réaction allergique. Pour connaître la bonne posologie, suivez les indications du fabricant.

LA VALÉRIANE

La valériane est un sédatif qui permet de maîtriser l'insomnie, le stress et l'anxiété. Elle peut aussi soulager les douleurs. La valériane est très peu toxique, mais il ne faut pas conduire ni faire fonctionner une machine si vous êtes somnolents après en avoir consommé. Suivez toujours les indications du fabricant quant à la dose recommandée.

LA GUIMAUVE ET L'ORME ROUGE

La racine de guimauve et l'orme rouge sont des plantes apaisantes qu'on peut prendre ensemble ou individuellement pour calmer l'irritation ou l'inflammation du système digestif. On peut faire des infusions avec l'écorce séchée de l'orme et/ou la racine de guimauve séchée en les faisant mijoter dans l'eau selon les recommandations du fabricant. L'orme est aussi vendu en capsules.

LA MENTHE ET LA MENTHE POIVRÉE

Les plantes de la famille des labiées sont utilisées depuis au moins 2000 ans pour soulager les problèmes digestifs. On peut se procurer ces plantes en sachets à infuser dans les magasins d'alimentation et les pharmacies. Vous pouvez aussi infuser des feuilles fraîches d'une plante que vous faites pousser vous-mêmes. Les capsules d'huile de menthe poivrée peuvent apaiser le symptôme du côlon irritable. On a découvert qu'elles étaient utiles pour combattre la candidose. Pendant la saison du rhume des foins, des inhalations ou quelques gouttes d'huile de menthe poivrée diluée dans de l'eau chaude peuvent soulager un nez qui coule, mais ne les utilisez pas pendant plus d'une journée ou deux sans consulter un spécialiste.

LA RÉGLISSE

La racine de réglisse est utilisée depuis longtemps pour apaiser les symptômes de l'asthme, de l'eczéma et de l'arthrite rhumatoïde. Elle peut aussi être utilisée comme édulcorant. Pour le dosage, suivez les recommandations du fabricant.

L'utilisation courante de plantes médicinales en cuisine est sécuritaire, mais si vous utilisez des préparations fabriquées, assurez-vous de :

- **consulter d'abord votre médecin** si vous prenez régulièrement des médicaments, si vous avez une maladie, si vous êtes ou s'il est possible que vous soyez enceintes ;
- **ne jamais dépasser la dose recommandée** par le fabricant ;
- **cesser l'utilisation de cette plante** si un nouveau symptôme apparaît et consultez un spécialiste.

Attention : si vous avez déjà fait de l'hypertension ou une insuffisance rénale, évitez la réglisse parce qu'elle provoque une rétention d'eau. Si vous souhaitez prendre de la réglisse pendant plus de 2 ou 3 semaines, consultez votre médecin ou un herboriste. Une consommation prolongée peut rompre l'équilibre de certains électrolytes dans le sang.

LE CURCUMA

Le curcuma contient de la curcumine, un puissant antioxydant. Il est utilisé en médecine ayurvédique pour soulager les inflammations des articulations causées par l'arthrite rhumatoïde. Le curcuma est sécuritaire lorsqu'il fait partie du régime, mais il est préférable de consulter votre médecin ou un herboriste parce que de fortes doses peuvent endommager le système digestif.

LA FAMILLE DES OIGNONS

Les substances phytochimiques (p. 109) produites naturellement dans les oignons peuvent aider à soulager l'asthme et l'eczéma. L'ail est un antifongique qui peut être intéressant si vous avez un problème de candidose.

LA CHRYSANTHÈME-MATRICAIRE OU GRANDE CAMOMILLE

Cette plante est utilisée depuis des centaines d'années pour traiter la migraine et l'arthrite. Pour le dosage, suivez les recommandations du fabricant. Attention : le fait de mâcher des feuilles crues peut causer des ulcères de la bouche et un contact avec la sève peut entraîner une réaction allergique.

LE GINGEMBRE

On utilise souvent le gingembre pour soulager les ballonnements et les nausées. Faites tremper quelques tranches de racine de gingembre ou ½ c. à café (½ c. à thé) de gingembre séché dans de l'eau bouillante et buvez aussitôt que la boisson est suffisamment froide.

INFUSION DE FENOUIL OU EAU ANISÉE

Pour aider à dissiper les ballonnements dans le cas de syndrome du côlon irritable ou d'intolérance alimentaire, écrasez 1 c. à café (1 c. à thé) de graines de fenouil ou d'anis, mettez-les dans une tasse et ajoutez de l'eau bouillante. Laissez tremper pendant 20 min, filtrez pour enlever les graines et buvez le liquide.

Se soigner par l'homéopathie

LES TRAITEMENTS HOMÉOPATHIQUES RÉUSSISSENT SOUVENT À SOULAGER LES SYMPTÔMES D'ALLERGIES. POUR UN TRAITEMENT, IL FAUDRA GÉNÉRALEMENT CONSULTER UN HOMÉOPATHE (p. 146), MAIS, SI C'EST IMPOSSIBLE, VOUS POURRIEZ SOULAGER VOS SYMPTÔMES VOUS-MÊMES EN UTILISANT DES REMÈDES HOMÉOPATHIQUES QUE VOUS POUVEZ ACHETER SANS ORDONNANCE.

Les remèdes homéopathiques sont faits de substances naturelles. Ces substances provoqueraient les mêmes symptômes si vous les preniez lorsque vous vous portez bien. Pour éviter que ces substances aggravent vos symptômes, elles sont diluées au cours de leur préparation comme remède. Ensuite, ces remèdes sont habituellement ajoutés à des comprimés, à des granules ou à des poudres. Le sucre qui est généralement utilisé dans la préparation des remèdes

homéopathiques est le lactose (tiré du lait), mais d'autres sucres sont aussi utilisés. Si nécessaire, vous pouvez demander à votre pharmacien un sucre différent ou un remède liquide.

Évitez de manger, de boire, de fumer ou de vous laver les dents 30 min avant de prendre un remède homéopathique et 15 min après. Ne touchez pas au remède, mettez le comprimé (ou de 6 à 10 granules) dans une cuillère et placez-le directement dans votre bouche où vous devriez le laisser se dissoudre. Les poudres peuvent être absorbées directement du papier dans lequel elles sont emballées, mais il peut être pratique de les diluer dans un peu d'eau pour les donner aux enfants.

LES REMÈDES MAISON

Quels remèdes prendre pour le rhume des foins ou pour les allergies nasales ou oculaires similaires ?

Allium cepa (oignon)	Lorsque l'écoulement nasal est important et qu'il brûle la lèvre supérieure.
Arsenicum album	Lorsqu'on a l'impression que le nez est complètement bouché et que l'écoulement nasal brûle la lèvre supérieure.
Euphrasia	Lorsque les larmes brûlent et que les yeux sont rouges, irrités et qu'ils démangent. L'écoulement nasal ne provoque pas d'irritations.
Natrum muriaticum	Lorsque vous éternuez fréquemment et que l'écoulement nasal est comme le blanc d'un œuf.
Nux vomica	Lorsque vous éternuez énormément au lever et que l'écoulement nasal sèche pendant la nuit.
Pulsatilla	Lorsque les yeux, pleins de larmes, démangent, mais sont soulagés par des compresses froides.
Sabadilla	Pour les éternuements fréquents et épuisants ainsi que les démangeaisons nasales.
Wyethia	Pour les vives démangeaisons du palais, du nez et des oreilles.

Si vous souhaitez utiliser l'un des remèdes homéopathiques mentionnés dans ce livre, prenez la concentration 6 CH et répétez la dose toutes les 30 min jusqu'à 6 doses, sauf indications contraires. Dès que vos symptômes s'apaisent, diminuez la fréquence de la dose. Les remèdes homéopathiques ne devraient pas être utilisés si aucun symptôme ne se manifeste.

Cessez donc de prendre le remède dès que vous vous portez mieux. Si vos symptômes s'aggravent, cessez de prendre le remède – normalement, les symptômes s'apaiseront et pourraient disparaître complètement. Si vos symptômes réapparaissent après s'être d'abord apaisés, vous pouvez répéter le traitement en utilisant les mêmes concentrations.

LA DÉSENSIBILISATION HOMÉOPATHIQUE

La forme potentialisée de l'allergène auquel vous réagissez peut souvent vous aider à soigner votre allergie, cependant, cessez toujours de prendre ce remède si vos symptômes s'aggravent. (Attention : sauf sous la supervision d'un spécialiste, vous ne devriez pas tenter d'utiliser cette méthode si vous faites de l'asthme.)

Utilisez la force 3CH comme suit :

Pour les acariens :	Une dose par semaine pendant 6 semaines et ensuite, une par mois. Cessez d'en prendre pendant l'été et ne recommencez que si vos symptômes réapparaissent.
Pour les pollens des herbacées :	Une dose par semaine. Commencez 6 semaines avant le début de la saison et continuez pendant toute la saison (p. 27 et 28).
Pour les moisissures diverses :	Même posologie que pour les pollens d'herbacées (p. 27 et 28).
Pour les pollens des arbres :	Même posologie que pour les pollens d'herbacées (p. 27, 28 et 130).

Pour la dermatite allergique de contact :

Pour le nickel :	Prenez une dose toutes les 4 semaines jusqu'à ce que le symptôme soit apaisé et recommencez le traitement si votre allergie se manifeste de nouveau.

Pour les allergies aux animaux domestiques :

Fourrure de chat **Fourrure de chien** **Squame de cheval**	Prenez une dose par semaine pendant 4 semaines si vous entrez fréquemment en contact avec l'animal et répétez le traitement au besoin. Si le contact n'est pas fréquent, prenez une dose 30 min avant d'entrer en contact avec l'animal, prenez ensuite 4 doses, une toutes les 2 h, puis cessez le traitement. Répétez le traitement au besoin.

S'aider en faisant de l'exercice

L'EXERCICE EST UN MOYEN D'AMÉLIORER VOTRE SANTÉ MENTALE ET PHYSIQUE SANS QU'IL VOUS EN COÛTE UN SOU. LA BONNE FORME PHYSIQUE VOUS PERMET D'AMÉLIORER LA SANTÉ DE VOTRE CŒUR, DE DÉVELOPPER DES MUSCLES PLUS FORTS QUI SE FATIGUENT MOINS VITE, DE DEVENIR PLUS FLEXIBLES, DE MIEUX CONTRÔLER VOTRE POIDS ET DE RALENTIR LES CHANGEMENTS PHYSIQUES QU'APPORTE LE VIEILLISSEMENT. CE QUI EST ENCORE MIEUX, C'EST QUE L'EXERCICE VOUS PERMET DE VOUS PORTER MIEUX ET DE MIEUX DORMIR, PUISQU'UNE QUANTITÉ MOYENNE D'EXERCICE DE MOYENNE INTENSITÉ STIMULE LE SYSTÈME IMMUNITAIRE. SI VOUS AVEZ PLUS DE 30 ANS OU SI VOUS AVEZ UN PROBLÈME DE SANTÉ, IL EST PRÉFÉRABLE DE CONSULTER VOTRE MÉDECIN AVANT D'ENTREPRENDRE UN PROGRAMME D'EXERCICE.

Les divers types d'exercices ont des effets différents. Si vous souhaitez obtenir le meilleur résultat possible, il est préférable de faire les trois types d'exercices dont nous parlons ci-dessous. Cela ne signifie pas que vous deviez faire d'énormes quantités d'exercices : aussi peu que 15 min d'activités physiques deux fois par jour pendant 4 ou 5 jours par semaine suffisent à créer une grande différence. Évidemment, les exercices que vous pouvez faire pendant ces périodes dépendent du type d'allergie que vous souhaitez maîtriser, mais si vous vous faites un programme régulier d'exercices, commencez très doucement et augmentez progressivement la quantité et l'intensité de l'exercice ; vous serez probablement agréablement surpris de ce que vous pouvez faire et de l'amélioration obtenue.

L'EXERCICE ANAÉROBIQUE

Cet exercice est qualifié d'anaérobique parce que pendant les brèves périodes d'intenses activités, les muscles doivent utiliser une autre source d'énergie que l'oxygène du sang. L'activité étant intense, les muscles deviennent plus forts, vous permettant ainsi de pousser, de tirer et de lever des poids très lourds. Après un certain temps, vous développez aussi une plus grande endurance et vos muscles pourront travailler pendant de plus longues périodes sans se fatiguer.

L'haltérophilie, les pompes, les exercices abdominaux et des exercices où on lève les jambes sont des exemples d'exercices anaérobiques formels. Moins strictement, on fait de nombreux exercices anaérobiques tous les jours comme transporter notre épicerie à la maison, lever un petit enfant et bêcher le jardin.

L'EXERCICE AÉROBIQUE

Un exercice aérobique est une activité vigoureuse que vous faites sans arrêt pendant au moins 15 min. Même si vous êtes un peu essoufflés, vous devriez être en mesure de poursuivre une conversation. Si vous ne pouvez pas, ralentissez, c'est signe que vous allez trop vite. Prendre votre **pouls** (p. 94) est une manière plus scientifique de déterminer le niveau d'activité qui vous convient. Votre rythme cardiaque idéal devrait se situer à 75 % de son rythme maximum — vous pouvez le calculer facilement en soustrayant votre âge de 220.

Si vous avez une allergie respiratoire, il sera peut-être nécessaire de porter un masque lorsque vous faites de l'exercice à l'extérieur. Un simple masque à poussière conviendra, puisqu'il filtrera la poussière et les grosses particules comme les pollens. Vous pouvez trouver ce genre de masque à la pharmacie ou chez le marchand de matériaux de construction. Si vous devez filtrer les substances chimiques comme les émanations des moteurs diesels et à essence, il vous faudra un masque particulier que vous trouverez auprès d'organismes spécialisés dans les allergies. Si vous faites de l'asthme, une petite marche sera, pour vous, un exercice aérobique, mais, si vous marchez régulièrement, vous constaterez que vous pouvez progressivement augmenter le rythme et la distance. Demandez à votre médecin quel est le meilleur moment pour prendre vos médicaments.

Si vous souffrez du syndrome de la fatigue chronique ou de fibromyalgie, vous trouverez que vos tâches quotidiennes sont, la plupart du temps, à peu près le seul exercice que vous pouvez faire. Vous devriez cependant essayer d'en faire davantage lorsque c'est possible parce que votre système immunitaire pourrait en profiter beaucoup. Par exemple, on a démontré que, dans le système immunitaire, l'activité de certaines cellules bénéfiques est multipliée par cent par l'exercice régulier. Le **taï chi** (p. 121) est particulièrement bénéfique et est probablement aérobique si vous n'avez fait que peu d'exercices récemment.

L'exercice aérobique inclut des marches rapides, le jogging, les cours d'aérobie, la danse en ligne ou à claquettes, la natation et l'aviron. Moins formellement, prenez l'escalier plutôt que l'ascenseur, marchez plutôt que de prendre la voiture pour faire de courts déplacements et gardez du temps pour faire de la marche en famille toutes les fins de semaine.

LES EXTENSIONS

En étirant les fibres des muscles, les extensions améliorent la capacité des articulations de plier complètement. Les muscles qui s'étirent au maximum courent moins de risques d'être blessés ou d'être engourdis après un exercice. Votre posture s'améliorera, vous vous porterez probablement mieux et vous serez plus confiants. Le **yoga** (p. 120) et le **taï chi** (p. 121) sont tous les deux des exercices d'extension structurés. De manière moins formelle, il est souvent utile de vous lever et de vous étirer régulièrement au cours de votre journée de travail.

S'aider en faisant du yoga

À L'ORIGINE, LE YOGA A ÉTÉ CONÇU COMME DISCIPLINE DE DÉVELOPPEMENT SPIRITUEL. AUJOURD'HUI, EN OCCIDENT, LORSQU'ON FAIT DU YOGA, ON VISE PLUTÔT À RETIRER LES BÉNÉFICES PHYSIQUES DES MOUVEMENTS DOUX ET DES POSTURES DU YOGA. DES RECHERCHES SCIENTIFIQUES DÉMONTRENT QUE LE YOGA PEUT RÉDUIRE LA FRÉQUENCE DES CRISES D'ASTHME, APAISER LES SYMPTÔMES D'ARTHRITE RHUMATOÏDE ET REDONNER DE L'ÉNERGIE PLUS EFFICACEMENT QUE LA VISUALISATION OU LA RELAXATION (p. 124). MÊME SI DES LIVRES DÉCRIVENT LES MOUVEMENTS DE BASE DU YOGA, IL EST PRÉFÉRABLE DE FAIRE PARTIE D'UNE CLASSE DIRIGÉE PAR UN PROFESSEUR SPÉCIALISTE DE LA THÉRAPIE PAR LE YOGA. TRAVAILLEZ À VOTRE RYTHME ET N'ENTREZ PAS EN COMPÉTITION AVEC VOS CONSŒURS ET CONFRÈRES.

Les exercices de respiration

Les divers exercices de respiration pratiqués en faisant du yoga peuvent soulager des allergies respiratoires comme l'asthme et le rhume des foins. De nombreuses personnes qui font de l'asthme respirent faiblement et le yoga peut corriger la situation. La « respiration murmurée » est l'un des exercices que vous pouvez faire chez vous : asseyez-vous, tenez-vous droit devant une chandelle allumée et respirez doucement tout en relaxant vos épaules, vos bras et votre mâchoire inférieure. Respirez ensuite profondément par le nez et expirez doucement en pinçant les lèvres. En expirant, faites vaciller légèrement la flamme de la chandelle, inspirez encore et répétez l'exercice.

Les postures du yoga

Lorsque vous pratiquez le yoga, portez des vêtements amples et confortables, restez pieds nus sur un tapis antidérapant. N'adoptez ces postures que trois heures après les repas. Au début, on vous demandera de prendre des postures simples. Plus vous progresserez, plus on vous demandera de garder ces positions longtemps.

LA POSTURE TRIANGULAIRE

La posture triangulaire renforce votre dos et étire les muscles de chaque côté de votre tronc :

- Tenez-vous debout, les jambes bien écartées, le pied droit dirigé vers la droite et le pied gauche vers l'avant. Levez vos bras sur les côtés jusqu'au niveau de vos épaules en dirigeant vos paumes vers le bas.
- Inspirez, puis expirez doucement tout en vous penchant vers le côté et en glissant votre bras droit le long de la jambe droite. Gardez votre bras gauche pointé vers le haut.
- Conservez cette position pendant plusieurs respirations avant de revenir à la position originale. Répétez l'exercice de l'autre côté.

S'aider en faisant du taï chi

En Chine, le taï chi est très populaire et de nombreux Chinois commencent leur journée en faisant ces exercices. On compare les mouvements coulants du taï chi à la « nage sur terre ». Le taï chi est une forme d'art martial, sans combat, réputé pour améliorer, dans notre corps, la circulation du chi ou énergie vitale. Il améliore la flexibilité et des recherches récentes ont démontré qu'il réduit le stress et améliore la respiration. C'est un exercice particulièrement utile aux personnes qui souffrent du syndrome de la fatigue chronique.

Vous pouvez apprendre le taï chi à la maison en regardant une cassette vidéo, mais, étant donné que la séquence de mouvements est importante, il est préférable de suivre un cours où un professeur peut analyser et corriger vos positions. Portez des vêtements amples et des souliers plats, mais pas des chaussures de sport. Avant de commencer les mouvements de taï chi, on fait habituellement une séance d'échauffement. Après les exercices de taï chi qui sont très doux, vos muscles ne devraient être ni endoloris ni raides. Pendant les mouvements, vous devriez vous concentrer, bien respirer, rester calmes et prendre votre temps. Même si votre professeur ne vous demande pas si vous avez une maladie, il est préférable qu'il soit au courant de vos allergies. Essayez de pratiquer le taï chi quotidiennement. De toute manière, il faudra que vous en fassiez au moins une fois par semaine pour en retirer des bénéfices.

UN EXERCICE SIMPLE DE TAÏ CHI

- Tenez-vous debout en écartant vos pieds à la largeur de vos épaules, les genoux détendus, les bras le long de votre corps.
- En gardant vos bras légèrement pliés, les mains détendues, les paumes vers le bas, élevez vos bras vers l'avant jusqu'à la hauteur de vos épaules.
- Avancez avec votre pied droit et joignez vos mains à la hauteur de vos épaules, la paume droite dirigée vers vous et l'autre vers l'extérieur.
- Ramenez vos bras à la même position qu'à la deuxième étape.
- Déplacez votre poids sur votre pied gauche en laissant tomber vos mains jusqu'au niveau des hanches, les paumes vers le bas.
- Expirez ensuite en poussant vos paumes vers l'avant, au niveau des épaules et déplacez votre poids sur le pied droit.

La gestion du stress

Gérer le stress est synonyme de maîtrise de tous les domaines de votre vie. Cela exige un petit effort, mais si vous pouvez identifier les domaines qui vous posent un problème, vous avez déjà fait la moitié du chemin pour réussir à vous en sortir. En général, on se sort bien de crises subites, mais il arrive que des symptômes d'anxiété, comme des palpitations, des diarrhées et des troubles du sommeil, se développent par la suite. Ces symptômes sont causés par la production des hormones du stress, l'adrénaline et la cortisone, qui peuvent aussi nuire au système immunitaire.

Après une crise majeure, notre système immunitaire se rétablit souvent assez bien grâce à l'aide et au réconfort des gens qui nous entourent. Ce sont souvent les stress de la vie quotidienne qui sont les plus pervers et qui causent des problèmes. La plupart du temps, nous produisons de petites quantités d'hormones du stress qui déclenchent divers symptômes (voir ci-dessous). Simultanément, notre système immunitaire fonctionne moins efficacement et, si nous ne prenons pas les mesures pour gérer les effets du stress, nous sommes davantage prédisposés à développer des symptômes allergiques.

Comment reconnaître le stress

Si vous avez trois de ces symptômes ou plus, il se peut que vous souffriez de stress :

- irritabilité, anxiété ou dépression ;
- débordements émotifs ;
- fatigue constante et sommeil agité ;
- indécision ou difficulté de concentration ;
- incapacité de vous relaxer pendant les fins de semaine et les vacances ;
- muscles tendus ou sensibles, ou encore problèmes de digestion ;
- infections fréquentes comme des toux et des rhumes ;
- achats compulsifs ;
- tendance à trop manger, à boire trop d'alcool ou dépendance aux drogues ou au tabac.

Comment contrôler le stress

Vous devriez vous donner comme priorité de prendre le temps de vous détendre. Vous devriez vous assurer de consacrer quotidiennement 20 min à la relaxation, même si vous devez réserver le temps nécessaire dans votre agenda. Choisissez une ou plusieurs techniques de relaxation qui vous plaisent et assurez-vous ensuite d'y consacrer du temps chaque jour. Vous pouvez faire vous-mêmes des exercices de relaxation musculaire et de **respiration** abdominale (p. 124), de l'**exercice** (p. 118), de la **méditation** (p. 124), prendre un **bain relaxant,** parfumé avec vos **huiles d'aromathérapie** préférées (p. 125 et 149) ou écouter votre musique favorite. Vous pouvez aussi vous offrir un **massage** (p. 148) ou prendre des cours de **yoga** (p. 120) ou de **taï chi** (p. 121). De longues marches sont aussi salutaires, surtout pour le syndrome du côlon irritable.

Le sommeil est aussi bénéfique ; il semble qu'il ait un rôle antioxydant pour le cerveau (encadré ci-contre). Essayez de dormir de 6 à 8 h toutes les nuits – on peut facilement se remettre si l'on manque de sommeil pendant quelques jours, mais on pense qu'un manque de sommeil qui s'étend sur une longue période accélère le vieillissement du cerveau et nuit à d'autres processus de rajeunissement du corps, dont le processus de rétablissement du système immunitaire.

Réfléchissez à des moyens de rendre votre travail moins stressant. Apprenez à déléguer les tâches, à dire non lorsqu'on vous fait des demandes qui ne sont pas réalistes et à vous donner des priorités. Si nécessaire, prenez des cours pour apprendre à vous affirmer. Essayez d'éviter de travailler tard : de longues périodes de travail peuvent aggraver vos problèmes de santé et réduisent votre efficacité au travail. Prenez toutes les vacances auxquelles vous avez droit et, pour vous donner la possibilité d'oublier complètement votre travail, planifiez des activités constructives pendant les fins de semaine. Prenez plusieurs congés de courte durée et des vacances prolongées pour vous maintenir en bonne forme. Au moins une fois par semaine, prenez le temps d'aller au cinéma ou au concert, de visiter une galerie d'art ou de manger avec des amis.

AMÉLIOREZ VOTRE SOMMEIL

- **Prenez votre repas au moins 2 h avant de vous coucher.** Plus tard, si vous avez faim, vous pourrez boire du lait ou manger des bananes ou des biscuits de blé entier. Ils augmentent la production de mélatonine, une hormone qui favorise la somnolence.
- En soirée, **évitez les stimulants** comme la caféine, l'alcool et la nicotine.
- **Couchez-vous toujours à la même heure** pour ne pas déranger votre horloge biologique.
- **Faites régulièrement de l'exercice,** mais évitez d'en faire avant de vous coucher, cela pourrait vous garder éveillés.
- **Si la lumière vous réveille, portez un masque sur les yeux** ou installez des rideaux plus opaques.
- **Préparez-vous au sommeil** grâce à un massage, en prenant un bain chaud ou en utilisant des huiles calmantes aromatiques.

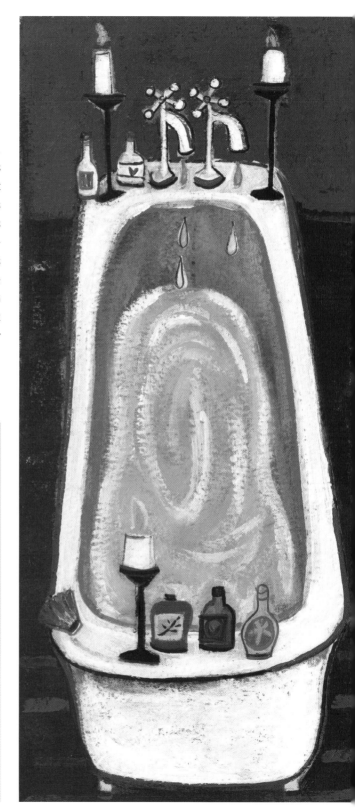

Apprendre à détendre ses muscles

LORSQUE NOUS SOMMES STRESSÉS, NOUS NE DÉTENDONS PRESQUE JAMAIS NOS MUSCLES. LES MUSCLES DE LA POITRINE SONT SI TENDUS QUE LA RESPIRATION EST FAIBLE. HEUREUSEMENT, ON PEUT APPRENDRE À SURMONTER NOUS-MÊMES CES PROBLÈMES GRÂCE À LA RESPIRATION ABDOMINALE ET À LA RELAXATION DES MUSCLES.

Pour ouvrir complètement les poumons et utiliser la respiration abdominale au maximum, asseyez-vous confortablement et mettez une main sur votre poitrine, l'autre sur votre abdomen. En respirant silencieusement pendant quelques minutes, observez comment chaque main bouge. Inspirez lentement par le nez et, lorsque vous aurez fini, gonflez votre abdo-

men. Remarquez que cela vous permet d'inspirer davantage d'air. Faites une pause de quelques secondes et expirez doucement par le nez, videz vos poumons le plus possible en rentrant vos muscles abdominaux. Répétez l'exercice lentement à plusieurs reprises en vous concentrant pour bouger vos muscles tout doucement, pour éviter la surtension.

La méditation

La méditation inverse les effets du stress en créant un état de relaxation et d'harmonie intérieure. Les adeptes de toutes les grandes religions pratiquent la méditation, mais il n'est pas nécessaire d'adhérer à une religion ni à une philosophie pour en bénéficier. Il est préférable que la méditation fasse partie de votre routine quotidienne. Vous n'avez qu'à méditer pendant 15 ou 20 min, une ou deux fois par jour pour jouir du calme qu'elle peut apporter. Cependant, si vous avez déjà eu des problèmes psychiatriques, consultez d'abord votre médecin.

Même si vous pouvez apprendre vous-mêmes à faire de la méditation en consultant des livres, en écoutant des cassettes et en regardant des cassettes vidéo de formation qu'on trouve maintenant partout, vous

LA VISUALISATION

Une fois que vous aurez appris à vous détendre, vous pouvez aller plus loin en faisant de la visualisation. Il est cependant préférable de consulter un spécialiste en ce domaine, puisque des images fortes peuvent aggraver vos symptômes. La visualisation utilise l'imagination pour créer des images de votre maladie, du traitement que vous suivez et de l'aboutissement positif que vous souhaitez obtenir.

trouverez sans doute qu'il est plus facile de suivre des cours d'un spécialiste. Pendant la méditation, il faut que votre pensée soit concentrée sur quelque chose : une phrase répétée, un son ou une prière, un objet comme une image sainte ou l'image que vous préférez, des fleurs ou une bougie allumée, la conscience de votre respiration ou même une activité rythmique comme le taï chi ou la natation.

La plupart des gens trouvent que la meilleure manière de faire de la méditation est d'adopter une position confortable dans une pièce silencieuse et chaude. Respirez doucement et de manière rythmée et concentrez votre pensée sur l'objet ou la phrase choisie. Si des pensées font intrusion, ne vous inquiétez pas, restez le plus immobile possible, et ramenez votre pensée sur l'objet de votre concentration. Cessez votre méditation graduellement, en vous accordant quelques minutes pour prendre conscience de votre environnement.

DÉTENDEZ-VOUS GRÂCE À L'EAU

Si un bain chaud est l'une des choses que vous aimez pour vous détendre après une longue journée, vous pouvez, en y ajoutant quelques éléments, en faire un traitement thérapeutique. Vous n'avez qu'à y ajouter les choses suivantes :

- une source lumineuse qui émet toutes les couleurs du spectre qui reproduit la lumière solaire ;
- des plantes qui aiment et se développent bien dans l'atmosphère humide de la salle de bains ;
- des bandes sonores de musique ou de bruits naturels que vous trouvez apaisants comme des chants d'oiseaux, le vent dans les arbres, les vagues qui se brisent sur la plage ou le chant des baleines ;
- une décoration adéquate. Au besoin, repeignez la salle de bains en utilisant la couleur qui convient : on dit que le bleu turquoise stimule le système immunitaire, que le vert calme la tension nerveuse et que le bleu est un traitement contre les insomnies et l'hyperactivité. Si vous n'êtes pas certains, consultez un thérapeute de la couleur.

POUR DÉTENDRE VOS MUSCLES

- Enlevez vos souliers, détachez vos vêtements, couchez-vous sur le dos, sur une surface dure et posez votre tête sur un petit coussin.
- Respirez silencieusement pendant quelques minutes en faisant une pause entre chaque respiration. Si votre pensée erre, ne vous fâchez pas, concentrez-vous de nouveau doucement sur votre respiration.
- Continuez à respirer calmement, tendez ensuite les muscles de votre pied droit pendant quelques secondes, puis détendez-les. Refaites la même chose avec les muscles de votre cheville droite, puis de votre cuisse et, finalement, avec les muscles fessiers. Faites le même exercice avec les muscles de gauche.
- Tendez, puis détendez les muscles de votre bras droit, en commençant par la main. Faites le même exercice avec les muscles de gauche.
- Tendez et détendez les muscles de votre abdomen, puis haussez les épaules.
- Finalement, tendez et détendez les muscles de votre figure.
- Concentrez-vous encore sur votre respiration et détendez-vous calmement aussi longtemps que vous le souhaitez.

Créer une maison et un lieu de travail peu allergènes

UNE AUGMENTATION CONSIDÉRABLE DES TAUX DE POLLUTION DANS LES ÉDIFICES A AMENÉ LES SPÉCIALISTES À ÉTUDIER JUSQU'À QUEL POINT CETTE POLLUTION PEUT CONTRIBUER À LA PROLIFÉRATION DES MALADIES ALLERGÈNES, L'ASTHME EN PARTICULIER, QUE L'ON A CONSTATÉE CES DERNIÈRES ANNÉES.

Nos maisons et nos lieux de travail sont devenus de plus en plus hermétiques parce que nous souhaitons faire des économies de chauffage et améliorer le confort. Simultanément, les fabricants ont ajouté de nombreuses substances chimiques nouvelles dans les produits de nettoyage, les insecticides, les déodorants, les photocopieurs, les parfums et les cosmétiques. Plusieurs de ces substances liquides sont vaporisées, mais ce qu'on appelle « émanations » des substances solides est probablement aussi important. Les émanations sont l'émission d'un petit nombre de particules – provenant de la surface d'un solide – dans l'air. C'est une réaction qui peut se produire dans les tissus synthétiques modernes, les plastiques mous, les colles dont on se sert pour l'ameublement et les peintures, teintures et autres.

On est en train d'étudier l'importance de la contribution de l'exposition à ces vapeurs. Par ailleurs, les preuves s'accumulent de leur capacité à causer ou à aggraver les allergies, entre autres des personnes sensibles. Il y a aussi de plus en plus de preuves que ces substances chimiques peuvent être irritantes, toxiques et même cancérigènes. Même si, prises une à une, ces substances peuvent être sécuritaires, on ne connaît pas les conséquences de l'exposition à un mélange de différents produits et il n'y a pas eu non plus suffisamment de recherches sur les conséquences d'une exposition à long terme.

Vous pouvez réduire votre exposition à ces substances en prenant les mesures suivantes :

- **Bannissez la fumée de cigarette** de votre maison et de votre lieu de travail. Si, à l'intérieur, sur les lieux de travail, un espace est réservé aux fumeurs, il devrait être équipé d'un ventilateur extracteur d'air qui rejette la fumée à l'extérieur. Par ailleurs, l'air pollué par la fumée de cigarette ne devrait pas entrer dans le système de climatisation.

- **Évitez les appareils qui rafraîchissent l'air :** aérez votre maison tous les jours en ouvrant les fenêtres. Au travail, exigez des fenêtres qui s'ouvrent, surtout lorsqu'on utilise des produits chimiques – par exemple, dans les pièces où des photocopieurs fonctionnent.

- **Réduisez l'utilisation d'agents de nettoyage chimiques** dont l'odeur est forte, incluant les traitements des tissus et les aérosols. On peut utiliser du bicarbonate de sodium ou du borax dissous dans l'eau pour la plupart des travaux de nettoyage de la maison. Vous pouvez aussi nettoyer les vitres et les miroirs avec une solution de 2 c. à soupe de vinaigre dans 250 ml (1 tasse) d'eau.

- **Utilisez l'électricité pour cuisiner et pour vous éclairer :** les appareils électroménagers au gaz et les bougies de paraffine émettent des gaz.
- **Installez les fournaises loin des endroits où vous vivez et où vous travaillez.** Placez les tuyaux de cheminée pour que les fumées ne pénètrent pas dans l'édifice.
- **Fermez hermétiquement les portes qui communiquent avec un garage** ou avec tout lieu où l'on utilise des substances chimiques comme les aérosols.
- Si vous en avez les moyens, **changez de voiture** si elle sent l'essence ou le diesel. Les personnes sensibles aux substances chimiques (p. 48) devraient acheter une voiture âgée de 6 à 12 mois. Les vapeurs qu'émettent les plastiques et les tissus se seront alors dissipées.
- **Avant de les porter ou de les ranger dans le placard, suspendez les vêtements neufs** ou que vous venez de faire nettoyer à l'extérieur pendant quelques heures. Aérez de la même manière les magazines et les livres qui dégagent une forte odeur.
- **Choisissez des meubles en bois** et, pour sceller le bois, utilisez des produits de faible toxicité.
- **Évitez les tapis** et les tissus qui ont été traités avec des insecticides ou des produits chimiques pour les protéger des taches.
- **Refaites la décoration de votre maison pendant l'été,** au moment où vous pourrez laisser les fenêtres ouvertes pour que les vapeurs de peinture se dissipent plus rapidement.
- **Utilisez moins de cosmétiques** parce qu'ils contiennent des teintures, des agents de conservation et des parfums artificiels.

LE SYNDROME DE L'ÉDIFICE MALADE

Le syndrome de l'édifice malade (ou hermétique) est un phénomène relativement nouveau. Depuis quelques années, un plus grand nombre de personnes travaillant dans des édifices neufs ou récemment rénovés ont été atteintes de différentes maladies. Puisque les maisons sont construites avec des matériaux similaires, il est possible que l'environnement de la maison soit aussi la cause de problèmes. Habituellement, les personnes qui sont sujettes aux allergies sont plus susceptibles d'être affectées. Les symptômes varient énormément. Ce sont, entre autres, de la fatigue, des maux de tête, des maux de gorge, des éruptions cutanées et des rhinites. L'amélioration de la ventilation peut quelquefois soulager ces symptômes.

Aménager un jardin peu allergène

Si vous faites des allergies, votre jardin peut être un endroit dangereux. Les plantes à fleurs produisent des pollens, d'autres produisent de la sève irritante, les insectes piqueurs vivent dans les jardins et, sauf si votre jardin est biologique, vous risquez d'entrer en contact avec toute une série d'engrais et de pesticides chimiques.

Si vos symptômes ne sont pas très graves, il se peut qu'ils s'apaisent si vous restez simplement loin des plantes qui en sont responsables. Si vous décidez de rester à l'intérieur pendant la floraison d'une ou deux plantes, souvenez-vous que les animaux domestiques à fourrure peuvent apporter les pollens dans votre maison. Vous devriez aussi inspecter les bouquets de fleurs que vous achetez pour vous assurer que vous n'êtes pas allergiques au pollen ou à la sève des fleurs ou du feuillage qui en font partie.

La planification du jardin

De nombreuses personnes considèrent qu'une pelouse est la partie la plus importante de leur jardin, mais, malheureusement, le gazon est une source très courante d'allergènes. Même si vous coupez le gazon très court, vous découvrirez qu'il s'adapte et qu'il peut produire des fleurs au ras du sol. Ces fleurs ne sont visibles que si vous examinez le gazon avec beaucoup d'attention. En plus, les personnes qui souffrent d'eczéma réagissent à la sève du gazon diffusée lors de la tonte, même si elles ne le tondent pas elles-mêmes.

Une des solutions est d'enlever le gazon et de le remplacer par des pierres plates ou du gravier. On peut supprimer les mauvaises herbes en étendant d'abord une membrane imperméable. Si vous étendez du gravier, vous pouvez éviter une grande partie de l'entretien en plantant des buissons ou des plantes vivaces à travers la membrane.

La pollinisation de la plupart des fleurs de jardin est faite par des insectes, plutôt que par le vent. Donc, seules quelques-unes d'entre elles sont susceptibles de causer le rhume des foins, sauf si, évidemment, elles appartiennent à la même famille que les plantes qui produisent le pollen auquel vous êtes allergiques. Dans ce cas, une **réaction croisée** peut se produire (p. 130). Vous trouverez une liste des **familles de plantes** aux p. 76-79, mais vous n'y trouverez que les plantes comestibles. Pour les autres, vous devrez vérifier dans un guide des plantes. En général, si vous souffrez du rhume des foins ou si vous êtes intolérants aux herbacées comestibles, vous devriez éviter les herbes ornementales.

DES MESURES PRÉVENTIVES

Entretenez bien votre jardin et évitez les sections où poussent les plantes sauvages, des mauvaises herbes s'y développent facilement. Si votre peau est sensible, vous devriez toujours porter des gants, mais choisissez-en qui ne sont ni en caoutchouc ni en latex, ce qui cause souvent des réactions graves. Si possible, portez des gants doublés de coton.

Évitez aussi les feux de jardin. La fumée produit des émanations de substances chimiques indésirables et ces feux peuvent aussi diffuser des allergènes sur une grande surface. Si vous êtes sensibles aux moisissures, ramassez les feuilles mortes et n'entassez pas le compost, sauf si le tas est isolé et si une autre personne peut le retourner à votre place. Apportez tous vos déchets à la déchetterie dans des sacs fermés.

Vous devriez éviter les fleurs membres de la **famille des composées** – les chrysanthèmes, les soucis (vieux garçons), les asters, les tournesols, les verges d'or – si vous réagissez aux aliments qui sont aussi membres de cette famille (p. 77) ou si vous êtes allergiques au pollen de l'herbe à poux et de l'armoise commune. Des réactions croisées peuvent cependant se produire entre des plantes qui ne sont pas parentes (voir ci-dessous).

Les pollens qui proviennent des arbres sont un problème plus important parce que la pollinisation de plusieurs de ces arbres est éolienne. Si vous souffrez d'allergies, il est préférable d'éviter les bouleaux, les saules, les aulnes et les noisetiers qui produisent des pollens abondants à la fin de l'hiver et au début du printemps. La pollinisation des conifères est aussi éolienne et ils peuvent déclencher les symptômes du rhume des foins lorsque leurs pollens sont diffusés.

QUELQUES RÉACTIONS CROISÉES

Si vous savez que vous réagissez à l'un de ces pollens ou si l'un des tests d'allergie que vous avez subis est positif, il est possible que vous réagissiez à l'un des aliments de cette liste :

Le pollen	L'aliment
Le bouleau	Les arachides, le blé, les carottes, les cerises, les épinards, le fenouil, le miel, les noisettes, les pêches, les poires, les pommes, les pommes de terre, les prunes, le sarrasin
L'armoise commune	Les carottes, le céleri, le melon, (famille des composées) le melon d'eau, les pommes
Les herbacées	Les bettes, le melon, le melon d'eau, les oranges, les tomates
La pariétaire (famille des urticacées)	Les cerises, le melon
L'herbe à poux (famille des composées)	Les bananes, le melon, le miel
Le pin	Les pignons

L'allergène	L'aliment
Les acariens	Les kiwis, les papayes
Le caoutchouc	Certains fruits, les bananes et les cerises, par exemple
Les crustacés et les mollusques	Ces réactions sont rares et peuvent être causées soit par les aliments que les crustacés et les mollusques mangent, soit par les agents de conservation ajoutés par le fabricant.

Aider son bébé

Si votre famille est prédisposée aux allergies, vous pourriez réduire le risque que courent vos enfants de développer des allergies en prenant certaines précautions. Certains facteurs, dont un faible poids à la naissance, peuvent augmenter les risques que votre bébé souffre d'asthme ou d'autres allergies. Voici quelques précautions que vous pouvez prendre :

- **Idéalement, le père et la mère devraient se préparer à la grossesse en cessant de fumer** et en s'alimentant de façon aussi saine que possible trois mois avant de cesser d'utiliser des moyens contraceptifs. Le sperme met en effet 100 jours à se développer et, pendant cette période, une bonne nutrition est indispensable.

- **Pendant la grossesse, la mère devrait avoir une diète variée.** Il est possible que certains des aliments les plus susceptibles de provoquer des allergies (encadré ci-contre) traversent le placenta, même s'il n'y a aucune preuve scientifique à l'appui de cela. Si vous avez l'intention de bannir tous ces aliments de votre diète, vous devriez consulter un spécialiste de la diététique pour vous assurer de consommer les nutriments adéquats. Vérifier aussi si vous devriez prendre un supplément de calcium.

- **N'exposez pas le bébé à la fumée de cigarette** pendant au moins un an. Il semble que la fumée de cigarette crée une prédisposition aux allergies.

- **Si possible, allaitez pendant un an,** le lait naturel contient des anticorps qui protègent des infections. Pour une raison inconnue, il est rare qu'un bébé développe une allergie au lait maternel. Il est normal que les bébés nourris au sein grandissent moins vite que ceux qui sont nourris au biberon, donc, si vous cessez d'allaiter parce que vous trouvez que votre bébé ne grandit pas assez vite, consultez d'abord des spécialistes. Les mères qui allaitent devraient éviter les aliments énumérés dans

l'encadré. Il est possible que votre médecin vous recommande de prendre un supplément de calcium et de consulter un spécialiste de la diététique. Si vous trouvez que cette approche est trop restrictive, rappelez-vous qu'il est préférable de manger normalement que de cesser d'allaiter.

LES ALIMENTS À ÉVITER

Les aliments susceptibles de provoquer des réactions allergiques sont le lait, les œufs, les arachides, le poisson, les agrumes, le blé, le bœuf, le poulet et tous les aliments auxquels un autre de vos enfants a été allergique.

- **Ne commencez pas à donner des aliments variés au bébé avant l'âge de 4 à 6 mois** parce que son système digestif, qui n'est pas complètement développé, peut permettre l'absorption de protéines qui ne sont pas entièrement digérées et qui pourraient agir de la même manière que des allergènes. Évitez de donner au bébé les aliments énumérés dans l'encadré pendant au moins 9 mois. Introduisez de nouveaux aliments un à un pour que vous puissiez observer toute réaction et, si nécessaire, retirer cet aliment de sa diète pendant un certain temps. S'il est malade, évitez de donner de nouveaux aliments au bébé parce que des infections ou des diarrhées peuvent augmenter le risque qu'il réagisse à cet aliment.

- **Pendant la première année, évitez l'exposition aux allergènes environnementaux,** comme le **pollen et les moisissures** (p. 27), les **acariens** (p. 19) et les **animaux à fourrure** (p. 14). Évitez les opérations chirurgicales qui ne sont pas nécessaires.

4

Consultez

La médecine intégrée

L'EXISTENCE DE LA MÉDECINE INTÉGRÉE DÉMONTRE QUE L'ON RECONNAÎT DE PLUS EN PLUS QUE LA COMBINAISON DES TECHNIQUES MÉDICALES ET CHIRURGICALES AVEC LES MÉDECINES DOUCES ET COMPLÉMENTAIRES OFFRE DE GRANDS AVANTAGES. LORSQUE L'ON ADOPTE UNE TELLE APPROCHE, LES MÉDECINS, LES THÉRAPEUTES ET LES PATIENTS TRAVAILLENT DE CONCERT POUR RÉTABLIR LA SANTÉ DE L'ESPRIT, DE LA PENSÉE AINSI QUE CELLE DU CORPS. DES PREUVES DE PLUS EN PLUS NOMBREUSES DÉMONTRENT QUE LES PERSONNES QUI SOUFFRENT D'ALLERGIES PEUVENT EN TIRER DES AVANTAGES CONSIDÉRABLES.

Les allergologues traditionnels

Depuis quelques années, notre connaissance du système immunitaire et de son mode de fonctionnement a beaucoup évolué. Le système immunitaire est constitué de diverses cellules spécialisées et de protéines appelées anticorps qui peuvent reconnaître et réagir à tout allergène qui y pénètre. Pendant cette réaction, des substances chimiques variées, comme l'histamine, sont libérées : elles provoquent de l'inflammation et attirent un certain nombre de cellules et de substances chimiques du système immunitaire pour renforcer les défenses corporelles.

Les immunologistes ont identifié quatre types de réactions allergiques de base qui possèdent toutes un mécanisme différent. Ce sont ces réactions qui provoquent les symptômes que nous appelons allergies, mais les allergologues traditionnels sont des médecins qui croient qu'il ne faut pas qualifier les symptômes de symptômes «allergiques», à moins qu'ils soient en cause dans la production de ces réactions. Ils utilisent plusieurs tests (p. 136) qui confirment le diagnostic et, souvent, l'allergène. Ils recommandent d'éviter, si possible, l'allergène et prescrivent des médicaments pour maîtriser les symptômes.

Les allergologues environnementaux

Les allergologues environnementaux, aussi connus sous le nom d'écologistes cliniques, sont des médecins qui cherchent d'abord à établir comment l'environnement peut provoquer les symptômes des patients. Ils observent si les symptômes sont atténués ou s'ils disparaissent lorsque l'exposition aux déclencheurs environnementaux cesse. Ils croient que les gens ont des réactions de deux types aux déclencheurs environnementaux. Ils considèrent que les allergies de «type A» font sensiblement partie du même groupe de maladies que les allergologues traditionnels appellent «allergies». Ils qualifient généralement les autres types de réactions «d'intolérances» ou, quelquefois, d'allergies de «type B». Aujourd'hui, on croit que le système immunitaire n'est pas en cause dans les réactions de ce dernier type d'allergies.

Tout au long de cet ouvrage, on a fait la distinction entre une allergie et une intolérance, même si certains allergologues environnementaux croient que le système immunitaire peut être en cause dans les intolérances d'une façon qui n'a pas encore été démontrée. La plupart des praticiens de médecine complémentaire sèment la confusion en utilisant le mot «allergie» lorsque, en fait, la maladie qu'ils décrivent est une intolérance. Cela peut causer des problèmes à leurs patients parce que les médecins refusent de considérer l'intolérance comme une allergie.

L'un des problèmes majeurs des allergologues environnementaux est l'absence de tests dermatologiques ou sanguins qui puissent confirmer le diagnostic d'intolérance. Il est donc presque impossible de poser un diagnostic scientifiquement valable, car il revient aux patients d'observer si leurs symptômes se développent toujours de la même manière. Cela peut être plus difficile qu'il n'y paraît, puisque les symptômes

apparaissent souvent quelque temps après l'exposition au déclencheur ou après qu'un certain seuil de tolérance a été dépassé. En outre, il arrive que plus d'un déclencheur soit en cause.

Les allergologues environnementaux traitent l'intolérance en excluant les déclencheurs. Il est possible de réintroduire les déclencheurs sans que les symptômes réapparaissent, mais cela peut prendre des mois. On qualifie parfois l'absence de symptômes de tolérance. Elle peut durer indéfiniment pourvu que l'exposition au déclencheur soit rare. Les allergologues environnementaux ont aussi développé plusieurs autres traitements (voir p. 136) pour les allergies de type A et pour l'intolérance.

LES FAIMS INSATIABLES

Un aspect vraiment bizarre de l'intolérance alimentaire qu'on ne retrouve pas lorsqu'on souffre d'allergie alimentaire est le fait qu'environ 60 % des personnes qui souffrent d'intolérance ont une faim insatiable pour l'aliment ou les aliments responsables de leur intolérance. L'exclusion de l'aliment ou des aliments produit des symptômes de sevrage, comme dans le cas de toute dépendance, et la réintroduction ultérieure de l'aliment peut causer encore des faims insatiables si l'on mange trop souvent cet aliment. On ne comprend pas bien les raisons de ces faims insatiables, mais il est possible qu'elles soient causées par la production de substances chimiques semblables à la morphine pendant la digestion de l'aliment ou des aliments responsables. Quelle qu'en soit la cause, le corps subit un stress et il semble que cela consomme de l'énergie si l'on continue à manger cet aliment ou ces aliments. L'exclusion de l'aliment ou des aliments responsables de l'intolérance permet d'augmenter le niveau d'énergie et de faire disparaître d'autres symptômes comme le manque de concentration et les ballonnements.

Les tests d'allergie

Il est parfois évident que certaines substances sont la cause des allergies. Par exemple, les symptômes du rhume des foins apparaissent lorsque les herbacées sont en fleur et disparaissent lorsque la saison est terminée. Il est habituellement nécessaire de passer des tests pour découvrir quelle est la cause exacte des symptômes, mais la fiabilité des tests d'allergie n'est que de 70 à 80 %.

La première série d'investigations se fait habituellement en utilisant des tests dermatologiques dont il existe trois types principaux :

· **Les tests par piqûre** se font en injectant une petite quantité d'un allergène dans la couche supérieure de la peau.

· **Les tests intradermiques** se font en injectant une quantité un peu plus grande d'allergène un peu plus profondément. Ce test est plus précis, mais peut parfois provoquer une réaction grave.

· **Les tests des timbres transdermiques** pour déceler les allergènes de contact (p. 25).

Le premier et le deuxièmes tests sont positifs lorsqu'une rougeur ou une petite marque enflée apparaissent dans les 10 min qui suivent l'application. Ils sont assez fiables pour certains types d'allergènes, surtout ceux qui sont inhalés, mais ne le sont pas pour détecter des allergies alimentaires ou une intolérance. Ils peuvent aussi donner un résultat positif chez des personnes qui

LA PRÉVENTION ET LE TRAITEMENT DES ALLERGIES

La désensibilisation. Pendant de nombreuses années, le traitement préventif habituel des allergies à un allergène connu, comme le pollen des herbacées, consistait en une série d'injections de très petites quantités de l'allergène. On augmentait lentement la dose, jusqu'à ce que le patient puisse tolérer le niveau d'allergène présent dans l'environnement. Ce traitement était efficace, mais il arrivait pourtant que des réactions graves, sinon fatales, soient déclenchées. En Grande-Bretagne, ce traitement n'est plus utilisé que dans les cas où l'on doit désensibiliser des patients qui ont une réaction importante à un allergène unique, comme à une **piqûre d'abeille** (p. 14) et n'est administré que dans un hôpital où un équipement de réanimation est disponible.

La neutralisation. De nos jours, plusieurs allergologues environnementaux utilisent ce traitement. De très faibles doses de l'allergène ou de la substance qui provoque l'intolérance sont administrées par le patient lui-même, soit en se donnant des injections, soit en plaçant la substance sous la langue pour amener la **tolérance.** Pour établir la dose, le médecin en injecte une série, jusqu'à ce qu'il trouve celle qui ne produit pas de réaction. On poursuit le traitement pendant plusieurs mois et même pendant quelques années, jusqu'à ce que la tolérance soit établie. Ce traitement est administré par plus de 2000 médecins aux États-Unis et l'on n'a rapporté que quelques réactions de moyenne intensité.

La désensibilisation potentialisée par enzyme (DPE) est un traitement efficace pour une vaste gamme d'allergies ; on l'utilise depuis 30 ans et peu d'effets secondaires ont été constatés. Une seule dose de l'allergène à faible concentration est « potentialisée » en la mélangeant avec l'enzyme bêta-glucuronidase. Cette dose est soit injectée, soit placée sur un endroit de la peau qu'on a préalablement gratté avec un scalpel émoussé. Le traitement est appliqué pendant 2 ou 3 mois, tant que l'allergie subsiste.

LES AUTRES TESTS

Le **test du pouls** (p. 98) est utilisé depuis les années 40. Il semble qu'il soit assez fiable, même si les allergologues traditionnels ne sont pas d'accord. Plusieurs praticiens et certains médecins pratiquent la kinésiologie appliquée : le patient tient un flacon qui contient la substance que l'on teste ou bien on en place une petite quantité sous la langue. On vérifie alors la force des muscles du patient. S'ils sont affaiblis, on dit que le patient est intolérant à cette substance. Il semble que le test produit de bons résultats chez certaines personnes. Les acupuncteurs affirment que la résistance électrique de la peau est modifiée par le contact avec un allergène ou avec une substance qui produit une intolérance. Plusieurs méthodes, dont le Vegatest, ont été développées pour mesurer ces changements, mais leur fiabilité est discutable.

n'ont aucun symptôme d'allergie et peuvent donner un résultat négatif, même s'il y a véritablement une allergie.

LES TESTS SANGUINS

La technique RAST mesure la quantité de certains anticorps dans le sang. Ce test est fiable, mais il ne fait pas de distinction entre une allergie et un contact avec des substances qui provoquent la diffusion d'**histamine** (p. 73), il n'est donc pas utile dans le cas d'une intolérance. D'autres tests sanguins pour les intolérances et les allergies ont été développés et, même s'ils semblent donner des résultats utiles, leur fiabilité n'est pas constante.

Pour aller plus loin

Il y a 50 ans, presque toutes les médecines douces étaient rejetées par les médecins et par la majorité de la population parce qu'on les considérait comme inutiles et parfois dangereuses. De nos jours, la plupart des gens et même certains médecins admettent qu'une certaine forme de la médecine non traditionnelle les intéresse et l'on peut trouver des praticiens de ces thérapies dans la majorité des villes.

De nombreuses personnes se tournent vers la médecine complémentaire parce qu'elles croient que les praticiens de médecine douce leur consacrent davantage de temps et s'intéressent davantage à la personne comme un tout que les médecins de médecine traditionnelle. Comme les thérapeutes utilisent une approche holistique, ils posent plus souvent la question « pourquoi ? » que les médecins en général. Pourquoi cette personne a-t-elle cette maladie ou ces ennuis à ce moment précis ? Au contraire, les médecins visent plutôt un objectif unique : poser un diagnostic. Ils semblent se concentrer davantage sur l'identification des symptômes ainsi que sur le moment et l'endroit où ces symptômes se produisent. Les médecins ont pourtant accepté depuis longtemps

que les maladies ont des origines psychologiques et émotives, même si, dans le passé, en planifiant le traitement, ils ont souvent considéré que ces origines étaient secondaires.

Faire le lien entre la pensée et le corps

Depuis 20 ans environ, les psychologues, les médecins et autres scientifiques ont acquis une meilleure compréhension de la relation complexe entre les aspects émotifs et physiques des patients. Par exemple, on a démontré que les globules blancs, dont le rôle est habituellement de tuer les virus, ont une moins grande capacité de jouer ce rôle majeur chez une personne en deuil. Ce phénomène augmente le risque de développement d'une maladie virale chez cette personne. Il fournit aussi une explication scientifique possible à une observation courante : on a l'impression que des gens meurent à cause « d'un cœur brisé ». Une telle étude a amené un nombre croissant de praticiens de médecine traditionnelle à rechercher des manières dont leurs patients peuvent tirer profit de plus d'un type de thérapie et à reconnaître la valeur d'une approche intégrée.

Cependant, cette approche en est encore à ses balbutiements. Comme les connaissances qu'ont les médecins des médecines douces sont limitées et que la formation des thérapeutes n'est pas toujours normalisée, les médecins sont encore prudents et ne réfèrent pas leurs patients sans hésitation. Toute thérapie qui a la capacité de soigner a aussi celle de causer du tort et ce n'est pas parce qu'une thérapie est « naturelle » qu'elle est sûre lorsqu'on l'utilise mal.

CHOISIR UNE THÉRAPIE ET UN THÉRAPEUTE

- **Avant de commencer des traitements non conventionnels, consultez toujours votre médecin** pour discuter de la meilleure approche de votre problème. Si vous êtes enceintes ou si vous tentez de concevoir, il est absolument essentiel de discuter avec votre médecin avant d'entreprendre un traitement de médecine douce.

- **Choisissez un thérapeute qui a reçu la formation exigée** et qui fait partie d'une association professionnelle appropriée. Si possible, parlez au thérapeute avant de prendre rendez-vous pour vous assurer que la thérapie sera bénéfique à votre maladie, pour connaître le nombre de visites nécessaires et pour savoir si votre assurance acceptera d'en défrayer les frais.

- **Si possible, essayez de discuter avec des gens qui ont déjà consulté le même thérapeute,** cela vous permettra d'évaluer si vous pouvez être à l'aise avec le thérapeute. Méfiez-vous de tout thérapeute qui insiste pour que vous cessiez tout traitement traditionnel ou qui vous demande de modifier vos valeurs ou votre religion.

- **Ne cessez pas et ne modifiez pas la posologie** de médicaments prescrits sans consulter d'abord votre médecin. Lorsque c'est approprié, informez votre médecin de tout médicament et de tout traitement recommandés par votre thérapeute. Informez aussi votre thérapeute des médicaments que vous prenez.

- **Informez votre thérapeute si vous développez de nouveaux symptômes** après le début du traitement et consultez votre médecin si les symptômes persistent.

- **Certains types de médecine douce ne conviennent pas aux bébés** ni aux jeunes enfants. Demandez l'avis de votre médecin si vous avez des doutes au sujet des thérapies qui leur sont destinées.

Quelle thérapie adopter?

LES MÉDECINES DOUCES ET ALTERNATIVES PEUVENT ÊTRE UTILES NON SEULEMENT POUR SOULAGER VOS SYMPTÔMES, MAIS AUSSI POUR RÉTABLIR L'HARMONIE INTÉRIEURE PERMETTANT AINSI À VOTRE CORPS DE COMMENCER À GUÉRIR. CETTE DOUBLE APPROCHE EST PARTICULIÈREMENT IMPORTANTE LORSQU'IL S'AGIT DES ALLERGIES PARCE QU'IL EST PRESQUE IMPOSSIBLE D'ÉCHAPPER COMPLÈTEMENT AUX ALLERGÈNES QUI PROVOQUENT LES SYMPTÔMES RESPONSABLES. IL EST DONC ESSENTIEL DE RENFORCER LES DÉFENSES NATURELLES DU CORPS.

Dans les pages qui suivent, nous décrivons diverses thérapies. Certaines sont des systèmes thérapeutiques qui ont évolué depuis des milliers d'années. Elles utilisent des outils qui étaient facilement accessibles aux thérapeutes qui les ont développés comme les plantes, les massages, des méthodes variées de nettoyage corporel, des changements de régime et le counseling. D'autres thérapies sont plus contemporaines, mais elles ont souvent emprunté des méthodes de soins à des thérapies traditionnelles ou ont perfectionné certaines méthodes.

L'herborisme chinois

L'herborisme chinois fait partie de la médecine traditionnelle chinoise qui a adopté une approche holistique de soins incluant l'**acupuncture** (p. 144) et des exercices comme le **taï chi** (p. 121). La médecine traditionnelle chinoise vise à rétablir et à maintenir l'harmonie et l'équilibre du corps en utilisant le mélange le plus approprié de thérapies.

L'herborisme chinois s'est avéré particulièrement efficace pour soulager l'eczéma. La formule prescrite est généralement constituée de 10 à 15 herbes différentes qui sont choisies après une consultation qui peut durer jusqu'à 1 h. Lors de cette consultation, le médecin fait une histoire de cas et procède à un examen physique dont l'approche diffère de l'approche occidentale traditionnelle : il porte une attention particulière au pouls et à l'aspect de la langue. Même si l'on utilise des herbes chinoises depuis plusieurs siècles, les analyses contemporaines ont révélé que quelques-unes d'entre elles ne sont pas entièrement sécuritaires et une ou deux ont été bannies dans certains pays occidentaux.

Les précautions à prendre

Consultez toujours un praticien qui possède les qualifications requises pour prescrire des plantes médicinales

chinoises. Si vous êtes enceintes ou si vous avez eu des maladies du foie, incluant l'hépatite, consultez toujours votre médecin d'abord. Si vous avez de nouveaux symptômes ou si vos symptômes allergiques s'aggravent, consultez immédiatement. Voir aussi **Choisir un thérapeute,** p. 139.

La technique Alexander

La technique Alexander a été mise au point par le comédien australien F. M. Alexander. Il cherchait à maîtriser le stress et la tension que l'art dramatique imposait à sa voix et à son corps. Cette technique permet de soulager les maladies allergiques en facilitant la gestion du stress et en rétablissant l'équilibre dans le corps.

Cette approche convient à tous les âges et est généralement enseignée à une seule personne à la fois. Votre professeur évaluera d'abord votre posture et la manière dont vous vous déplacez. On vous enseignera alors comment corriger votre posture et la manière dont vous devez vous déplacer pour ne pas imposer de tension à votre corps.

La médecine ayurvédique

La médecine ayurvédique est un système médical traditionnel et holistique qui provient du sous-continent indien. Les praticiens croient que les maladies, incluant les allergies, sont provoquées par un déséquilibre de l'énergie naturelle du corps et que la santé reviendra lorsque l'équilibre sera rétabli. Après une consultation de 1 h ou plus, le traitement ayurvédique commence généralement par un régime de purification qui inclut des lavements, des laxatifs et des vomissements thérapeutiques, des saunas et des massages avec des huiles. Ces soins sont suivis d'un programme qui a pour but de vous faire recouvrer la santé. Ce programme

peut inclure du yoga, des psalmodies, de la méditation et des moments où l'on s'assied au soleil.

Les précautions à prendre

Assurez-vous que votre praticien est suffisamment qualifié pour vous traiter avec des plantes. Si vous êtes enceintes, consultez d'abord votre médecin. Si vous remarquez de nouveaux symptômes ou si vos symptômes s'aggravent, consultez votre médecin immédiatement. Si vous êtes enceintes, âgés ou si vous avez une maladie cardiaque, vous devriez éviter les lavements et les purgatifs. Ils ne conviennent pas non plus aux bébés. Voir aussi **Choisir un thérapeute,** p. 139.

Le training autogène

Le training autogène comprend six exercices mentaux qui ont pour objectif de calmer la pensée. Cette méthode vous permet de vous détendre à volonté et elle aide votre corps à se soigner lui-même et à maîtriser les allergies. Le cours se donne en huit sessions hebdomadaires ; ce sont des cours privés ou qui se donnent à de petits groupes de 6 à 8 personnes. Il peut être particulièrement efficace pour calmer le stress, le syndrome du côlon irritable (SCI) et l'asthme. Le praticien fera une histoire de cas d'un point de vue médical et psychologique avant d'enseigner les exercices mentaux qui permettent une relaxation complète. Entre les cours, il faudra que vous pratiquiez cette technique pendant environ 15 min, trois fois par jour.

Les précautions à prendre

Consultez d'abord votre médecin si vous avez déjà eu des problèmes psychologiques. Informez votre praticien si vous êtes enceintes, si vous avez des problèmes cardiaques ou si vous souffrez de diabète. Voir aussi **Choisir un thérapeute,** p. 139.

Les guérisseurs et l'imposition des mains

Les guérisseurs croient qu'ils sont capables d'activer les mécanismes de guérison dont nous disposons tous dans notre corps en dirigeant l'énergie de la guérison par la pensée ou la prière, par l'imposition des mains ou par la guérison à distance. Même si l'on ne peut donner d'explication scientifique à ce type de guérison, il a été utilisé par de nombreuses cultures différentes, souvent dans le cadre de pratiques religieuses.

Il est possible que la guérison soit le résultat des croyances du patient lui-même, mais des recherches scientifiques ont démontré que l'intervention d'un guérisseur peut apporter des bienfaits. Des études ont démontré que les ondes cérébrales étaient modifiées au cours de la guérison. L'intervention d'un guérisseur apporte au moins certains bienfaits aux personnes auxquelles d'autres traitements n'apportent que peu ou pas de résultat, et une réduction de l'anxiété peut elle-même bénéficier au système immunitaire. Les douleurs chroniques et les maladies reliées au stress, incluant les maux de tête et les migraines, sont les domaines où l'intervention d'un guérisseur semble la plus utile.

Si vous consultez un praticien, on vous posera toutes sortes de questions informelles sur votre maladie. Idéalement, vous devriez être à l'aise avec votre guérisseur et sa philosophie. Les guérisseurs utilisent souvent leurs mains pour guérir. Ils travaillent quelquefois seuls ou avec le soutien d'autres personnes comme pendant une cérémonie chrétienne. Les patients disent qu'ils ressentent de la chaleur, du froid, des picotements ou de la somnolence.

Les précautions à prendre

Évitez les guérisseurs qui demandent des honoraires excessifs, qui promettent une guérison ou qui affirment que si la guérison ne s'est pas produite, c'est à cause de votre manque de foi. Voir aussi **Choisir un thérapeute,** p. 139.

Le toucher thérapeutique

Les praticiens du toucher thérapeutique (TT), une technique de soins contemporaine, croient que le corps est divisé en zones d'énergie distinctes qui sont perturbées par la maladie. Ils croient qu'ils peuvent restaurer l'équilibre et permettre une auto-guérison naturelle en touchant les patients avec leurs mains. Le TT est pratiqué par de nombreuses infirmières aux États-Unis et est en voie de devenir populaire en Angleterre et en Australie.

Les précautions à prendre

Il faut prendre des précautions si l'on traite des bébés et des femmes enceintes, des personnes âgées ou émaciées, des personnes qui ont souffert d'une maladie psychologique grave comme une psychose, ainsi que celles qui ont eu une blessure à la tête ou qui ont subi d'autres chocs. Voir aussi **Choisir un thérapeute,** p. 139.

La rétroaction biologique

Les yogis ont développé depuis des siècles la capacité de modifier l'action du système nerveux autonome qui contrôle la tension artérielle et les muscles lisses de l'intestin ainsi que des vaisseaux sanguins (voir aussi **chiropratique,** p. 145).

Pendant les années 60, des scientifiques américains ont commencé à utiliser des instruments qui mesurent les changements dans le système nerveux autonome en faisant des lectures sur un cadran ou avec des appareils qui émettent des signaux électroniques lumineux ou sonores. Les scientifiques ont découvert que les personnes branchées à ces instruments pouvaient apprendre à modifier ces lectures. Cette technique est maintenant connue sous le nom de rétroaction biologique.

La rétroaction biologique a été utilisée pour soigner plusieurs maladies comme le stress, les migraines, le syndrome du côlon irritable (SCI) et l'asthme. De nos jours, des programmes informatiques sophistiqués permettent aux patients de contrôler des images sur un écran en modifiant la fonction de leur système nerveux autonome. Cependant, l'appareil est coûteux et il faut qu'un praticien vous enseigne la technique.

Les précautions à prendre

Consultez toujours votre médecin avant de modifier la posologie de tout médicament que vous prenez. Voir aussi **Choisir un thérapeute,** p. 139.

L'acupuncture

L'acupuncture fait partie intégrante de la médecine traditionnelle chinoise. Le praticien insère de très fines aiguilles à des points précis du corps pour soigner une série de problèmes comme l'asthme, le rhume des foins, les douleurs musculaires et les migraines. Pendant une opération chirurgicale, l'acupuncture peut aussi être utilisée pour anesthésier le patient.

On croit que la stimulation des points d'acupuncture active le courant d'énergie dans le corps et rétablit l'équilibre perdu lorsqu'on est en mauvaise santé. À votre première visite, on vous posera des questions sur votre santé générale et sur votre style de vie. Ces questions font partie de l'approche traditionnelle chinoise qui comprend aussi un examen physique détaillé. Ensuite, les aiguilles

sont insérées à des profondeurs différentes et pendant des durées variables. On peut remuer les aiguilles pour augmenter leur efficacité.

Il existe d'autres techniques d'acupuncture, entre autres, la pose de ventouses où un vide est créé dans une cloche de verre placée sur la peau au-dessus d'un point d'acupuncture et la moxibustion où l'on applique de la chaleur sur un ou plusieurs points d'acupuncture.

Les précautions à prendre

Assurez-vous que votre praticien est qualifié et qu'il stérilise les aiguilles dans un autoclave ou qu'il utilise des aiguilles jetables. Informez-le toujours si vous êtes enceintes ou s'il est possible que vous le soyez, ou encore si vous avez une maladie transmise sexuellement comme l'hépatite ou le SIDA. Manger, boire de l'alcool, prendre un bain chaud ou une douche chaude et faire un exercice violent soit juste avant, soit juste après le traitement, peut contrecarrer l'effet du traitement. Voir aussi **Choisir un thérapeute,** p. 139.

L'acupression

En acupression, on exerce une pression sur les points d'acupuncture en utilisant le pouce ou un doigt pour créer de la chaleur et stimuler la guérison. Idéalement, vous devriez consulter un praticien qui tiendra compte de votre histoire de cas. On peut cependant se donner soi-même des soins d'acupression pour soulager les nausées, les migraines, la fatigue et les problèmes de digestion, incluant le syndrome du côlon irritable (SCI).

Les précautions à prendre

On devrait éviter certains points d'acupuncture pendant la grossesse. Voir aussi **Choisir un thérapeute,** p. 139.

La naturopathie

La naturopathie ou « médecine naturelle » n'a été officiellement développée qu'à la fin du XIXᵉ siècle, mais elle inclut des techniques de soins beaucoup plus anciennes. Aujourd'hui, les médecins de médecine traditionnelle ont adopté de nombreux principes et méthodes de la naturopathie. Les naturopathes croient que le corps, dans son état naturel, est en bonne santé, que le corps a le pouvoir d'être son propre guérisseur et qu'il s'efforcera toujours d'être en bonne santé. Ils croient aussi que l'équilibre sous-jacent du corps peut être rompu par l'accumulation de « toxines » – des déchets dont l'accumulation peut être le résultat d'un mode de vie malsain et qui peuvent compromettre l'efficacité du système immunitaire. Plusieurs des approches adoptées par les naturopathes sont décrites ailleurs dans ce livre. Elles incluent un **régime sain** (p. 106-113), un **sommeil** suffisant (p. 123), un **exercice** régulier (p. 118), l'assurance de prendre souvent l'air et la **réduction de l'exposition aux polluants** (p. 48 et 126) ainsi qu'aux **stress** émotif et physique (p. 122).

Les naturopathes adoptent une approche multidisciplinaire qui comprend l'amélioration de la digestion et de la circulation ainsi que l'augmentation de l'élimination des déchets et le renforcement du système immunitaire. Les traitements sont conçus de manière à être les moins invasifs possible et peuvent comprendre des changements de diète, la pratique du **yoga** (p. 120) et plusieurs des thérapies décrites individuellement comme l'**herborisme** (p. 140 et 153) ou les **médicaments homéopathiques** (p. 146), les **massages** (p. 148) et l'**hydrothérapie** (p. 148).

La première visite à un naturopathe dure environ 1 h et comprend généralement un examen physique.

Ensuite, il est possible que le praticien suggère que vous subissiez soit des examens incluant des tests utilisés par les médecins de médecine traditionnelle comme des rayons X, soit des examens moins conventionnels comme des analyses des cheveux et de la sueur. Le traitement sera adapté à vos besoins et comprendra souvent le nettoyage et la désintoxication par le jeûne ou des mesures pour augmenter l'élimination de déchets par la sueur. Il comprendra probablement aussi des traitements pour contrer toute faiblesse grâce à une diète améliorée et à des suppléments nutritionnels.

Les précautions à prendre

Sauf si votre naturopathe est pleinement qualifié pour en assurer la supervision, évitez un jeûne ou des restrictions diététiques extrêmes. Voir aussi **Choisir un thérapeute,** p. 139.

Les thérapies par la manipulation

Depuis plus d'un siècle, les chiropraticiens ont traité les gens en faisant des manipulations pour soigner et rétablir le bon fonctionnement du système nerveux central qui dessert tous les organes du corps. Plus particulièrement, la chiropratique peut modifier le fonctionnement du système nerveux autonome. Ce système contrôle le fonctionnement des petits muscles des parois des vaisseaux sanguins qui ont un rôle à jouer dans le développement de la **migraine** (p. 40), des parois des voies respiratoires qui sont réduites lorsqu'on souffre d'**asthme** (p. 30) et du système digestif qui peut être dérangé lorsqu'on souffre du **syndrome du côlon irritable (SCI)** (p. 34) (voir aussi, **training autogène,** p. 141).

Pendant votre première visite, qui dure environ 1 h, votre chiropraticien fera votre histoire de cas et vous posera des questions sur votre mode de vie. Il fera aussi un examen physique, incluant souvent la mesure de votre tension artérielle, ainsi que des rayons X. Si les résultats des tests sont nécessaires pour poser un diagnostic, il se peut que le traitement ne commence qu'à la deuxième visite, plus courte. Le praticien utilisera alors des techniques précises et bien contrôlées pour ajuster votre colonne vertébrale et votre bassin.

Les ostéopathes utilisent plusieurs techniques différentes de toucher et de manipulation pour améliorer le bien-être et atténuer la douleur. Pour rétablir la santé et une mobilité totale, les ostéopathes concentrent leurs traitements sur les tissus mous comme les muscles, plutôt que sur les articulations. Même si on consulte plus souvent les ostéopathes pour réduire des douleurs, leurs méthodes peuvent aussi aider à maîtriser des allergies comme les migraines, l'asthme et les problèmes digestifs.

Les consultations auprès d'ostéopathes sont similaires, en temps et en style, à celles des chiropraticiens. Les traitements comprennent des manipulations douces et différents types de massage. Votre ostéopathe peut aussi prescrire certains exercices de relaxation et des exercices physiques que vous devez faire entre les visites.

Les précautions à prendre

Informez votre praticien si vous avez des maladies des os comme l'ostéoporose, des tumeurs, d'anciennes fractures ou des inflammations, des infections ou des problèmes circulatoires comme un anévrisme. Voir aussi **Choisir un thérapeute,** p. 139.

L'homéopathie

Les remèdes homéopathiques sont constitués de substances qui, si vous les preniez lorsque vous êtes en bonne santé, provoqueraient les mêmes symptômes que ceux que provoque votre maladie. Cette technique de soins fait depuis longtemps partie des traditions non occidentales comme les traditions indienne et maya. Elle a aussi été mentionnée dans les enseignements d'Hippocrate. Pour de nombreuses maladies, incluant les allergies, on peut considérer les symptômes comme le résultat des tentatives du corps de se soigner lui-même. Pour empêcher que vos symptômes soient aggravés par le traitement, les médicaments homéopathiques sont très dilués. Les médecins de médecine traditionnelle sont sceptiques par rapport à l'homéopathie parce que les doses sont souvent tellement diluées qu'il ne reste pas de trace de la substance originale. Cependant, les homéopathes croient que la méthode de fabrication des médicaments permet de laisser une empreinte électromagnétique dans le liquide dilué qui interagit d'une certaine manière avec le corps.

Le praticien fera une histoire de cas complète pour trouver un remède qui convient non seulement à vos symptômes, mais aussi à votre physique et à votre état mental et émotionnel. On appelle cela des remèdes constitutionnels ; les homéopathes croient qu'ils peuvent guérir de nombreuses maladies allergiques. Cependant, plusieurs personnes deviennent très habiles et traitent leurs allergies avec des remèdes « locaux » (p. 116).

Les précautions à prendre

Certains homéopathes sont aussi médecins, mais si vous consultez un homéopathe qui n'est pas médecin, vérifiez toujours avec votre médecin si vous avez des symptômes inexpliqués qui nécessitent d'autres examens traditionnels.

Si vous êtes allergiques au lait, demandez des remèdes sans lactose. Les symptômes peuvent quelquefois s'aggraver après le traitement – cela peut constituer un problème dans le cas du traitement de l'eczéma. Si cette situation persiste, consultez votre praticien ou votre médecin. Voir aussi **Choisir un thérapeute,** p. 139.

La médecine anthroposophique

Rudolf Steiner, un médecin homéopathe, a fondé la médecine anthroposophique au début du XXe siècle. Il croyait que la nature est guidée par les rythmes cosmiques et que chaque individu a un dessein unique, une croyance qui contredisait les points de vue scientifiques de l'époque qui soutenaient que le corps était une entité purement physique. Il a développé une approche holistique du traitement de toute une série de maladies, incluant les allergies. Il préconisait des thérapies par le mouvement et par l'art, comme la peinture et la sculpture, les massages et l'hydrothérapie ainsi que l'utilisation de médicaments anthroposophiques faits de plantes et de substances animales ou minérales. Les plantes sont cultivées et récoltées selon un système d'agriculture « biodynamique » qui tient compte de l'influence du soleil, de la lune et d'autres facteurs cosmiques. Tous les praticiens sont aussi des médecins.

Les remèdes à base de fleurs

Le Dr Edward Bach (prononcez batch) était un médecin britannique qui croyait que les émotions négatives pouvaient provoquer des maladies physiques. Il croyait aussi que les plantes ont des propriétés qui peuvent être utilisées pour soigner divers maux. Plus récemment, des plantes provenant du monde entier ont élargi la gamme de remèdes sur le marché. L'effet des remèdes à base de fleurs est très subtil, mais on croit que leur action se rapproche davantage de l'homéopathie que de l'herborisme. De nombreux praticiens et aussi, aujourd'hui, certains médecins, prescrivent des remèdes à base de fleurs pour maîtriser des crises ou pour soigner des sautes d'humeur comme la peur et la colère. C'est ce soulagement du stress qui permet au corps de maîtriser des maladies allergiques.

Les sels biochimiques des tissus

Le Dr Wilhelm Schüssler, un médecin homéopathe, a été l'un des premiers à affirmer que les maladies pouvaient être le résultat de déficiences en minéraux. Il croyait que l'absorption d'une forme potentialisée d'un minéral pouvait inverser la déficience. Il a sélectionné 12 remèdes homéopathiques de sources minérales, incluant les sels minéraux et le quartz, et a recommandé leur utilisation en doses peu potentialisées dans lesquelles restait une petite quantité – mais seulement une très petite quantité – du minéral original. Même s'il n'y a pas de preuve que de si petites concentrations de « sels des tissus » sont suffisantes pour combler une déficience diététique, il est possible qu'elles puissent agir sur la manière dont ces minéraux sont absorbés et utilisés par le corps lorsqu'on les mange. En plus, comme les remèdes homéopathiques, la méthode de préparation signifie qu'ils ont une action indépendante. Ces remèdes, dont l'action est précise, sont disponibles partout et l'on peut se les administrer soi-même pour soulager diverses maladies allergiques, incluant le rhume des foins, l'asthme et le syndrome du côlon irritable.

L'hydrothérapie

En hydrothérapie, on utilise l'eau de manière externe ou interne, sous toutes ses formes – chaude, froide, liquide, sous forme de vapeur ou de glace – pour soigner le corps et le maintenir en bonne santé. Le potentiel nettoyant de l'eau fait partie, depuis des siècles, de nombreuses traditions médicales. De nos jours, on pratique habituellement l'hydrothérapie dans les stations thermales et les centres de thalassothérapie. En plus de boire l'eau – souvent riche en minéraux – de ces stations thermales, on y trouve plusieurs traitements généralement prescrits comme :

- **des jets d'eau sous-pression d'eau froide ou chaude** dirigés sur votre dos pendant 2 ou 3 min. Il semble que des douches régulières d'eau froide améliorent le fonctionnement du système immunitaire, puisque les personnes qui prennent régulièrement des douches froides sont moins sujettes à des infections respiratoires hivernales ;
- **des bains à toutes les températures,** incluant les bains de siège, pendant lesquels on applique de la chaleur sur une partie de votre corps et, simultanément, du froid sur une autre partie. Diverses substances sont ajoutées à l'eau pour augmenter l'effet thérapeutique du bain, par exemple : les herbes et les huiles d'aromathérapie qui peuvent soulager les allergies respiratoires ; les sels d'Epsom pour faire transpirer (voir ci-dessous) ou pour réduire l'inflammation d'une articulation ; de la farine d'avoine pour apaiser les irritations de la peau lorsqu'on souffre d'eczéma ou d'urticaire et diverses boues minérales et des concentrés comme de la tourbe ou des sels de la mer Morte ;
- **les saunas, les bains turcs et les bains de vapeur** qui sont prescrits pour favoriser l'expulsion de déchets par la transpiration (voir aussi naturopathie) ;

- **les traitements à l'eau de mer et aux algues** pour favoriser le nettoyage et la détente ;
- **les enveloppements chauds et froids** et les compresses qui améliorent la circulation, stimulent le système immunitaire et libèrent de la fatigue accumulée.

Les précautions à prendre

Si vous avez une maladie cardiaque ou si vous faites de l'hypertension, évitez les bains chauds ou les bains de vapeur. Pendant les trois premiers mois de grossesse, évitez les traitements à la vapeur et les bains de siège. Plus tard pendant la grossesse, limitez à 10 min les traitements à la vapeur. Après une opération, si vous faites de l'asthme, de l'épilepsie ou si vous avez déjà fait une thrombose, évitez aussi les traitements à la vapeur. Si vous êtes allergiques à l'iode, évitez le contact avec les algues. Sauf si un spécialiste vous le conseille, n'ajoutez pas d'ingrédients dans un bain si vous avez une plaie ouverte. Voir aussi **Choisir un thérapeute,** p. 139.

Les massages

Les massages permettent de libérer la tension physique et émotionnelle, de ralentir les battements du cœur, de baisser la tension artérielle et de détendre les muscles. Ils peuvent aussi aider le corps à émettre les analgésiques naturels – les endorphines – et à réduire le niveau d'hormones du stress qui peuvent affaiblir le système immunitaire et qui peuvent être un facteur de développement des allergies. De nos jours, vous pouvez choisir parmi une quantité étonnante de types de massage qui offrent des avantages variés. Les massages font aussi de plus en plus souvent partie des traitements traditionnels.

Les praticiens des massages occidentaux ou suédois vous poseront des questions sur votre santé générale et sur les médicaments que vous prenez. Vous êtes étendus sur une table à massage ou sur une épaisse couverture, la partie de votre corps qu'on ne masse pas est gardée au chaud sous une serviette. Pour lubrifier, on utilise généralement une huile végétale légère ou du talc. Selon vos besoins, les techniques de massage utilisées varient et peuvent vous stimuler ou vous calmer. Certains massothérapeuthes ont des habiletés particulières. Par exemple, un massage thérapeutique peut aider à guérir une blessure physique, un drainage lymphatique manuel contribue à l'expulsion de déchets par le système lymphatique, ce qui peut stimuler le système immunitaire et un massage bio-dynamique aide à calmer les tensions psychologiques, ce qui peut atténuer les symptômes de plusieurs allergies comme l'asthme et le syndrome du côlon irritable.

Les précautions à prendre

Si vous faites une phlébite, si vous avez fait une thrombose, si vous avez des varices, des maux de dos importants ou si vous avez récemment eu une fracture, consultez un médecin. Pendant les trois premiers mois de la grossesse, évitez les massages de l'abdomen, des jambes et des pieds. Évitez aussi les massages si votre peau est infectée, enflée ou si vous avez des ecchymoses. Si vous avez un cancer, vous devez absolument consulter un thérapeute spécialisé. Voir aussi **Choisir un thérapeute,** p. 139.

L'auto-massage

L'auto-massage n'est peut-être pas aussi efficace qu'un massage fait par une autre personne, mais les résultats bénéfiques peuvent être similaires. Choisissez une huile végétale comme l'huile d'olive, d'amande ou de tournesol. Si votre peau est sensible, testez vos réactions à cette huile (p. 25). Si vous le désirez, ajoutez une huile d'**aromathérapie** (voir ci-dessous) qui vous stimulera ou vous détendra, selon vos besoins. La pièce devrait être chaude et vous devriez avoir une serviette chaude ou une robe de chambre à portée de la main.

Commencez par vos jambes et massez, en commençant par les orteils, du bas vers le haut en massant de plus en plus fort les muscles des chevilles et du devant des cuisses. Refaites le même parcours sur vos bras et massez ensuite vers le bas du cou. Levez-vous ensuite pour masser le bas du dos et les fesses. Massez le haut du dos en le frictionnant avec une serviette. Étendez-vous ensuite, puis massez doucement l'abdomen en faisant un mouvement circulaire, dans le sens des aiguilles d'une montre.

Finalement, massez très doucement votre figure en faisant de petits mouvements circulaires. Massez la peau du front, du centre vers les tempes. Enveloppez-vous ensuite dans une serviette ou une robe de chambre et reposez-vous un peu avant de prendre une douche ou un bain chaud. Si, en vous massant, vous recherchiez le calme, c'est le bon moment de pratiquer la respiration abdominale et la **détente musculaire** (p. 124).

L'aromathérapie

Les huiles d'aromathérapie sont extraites de plantes. Elles exercent leur effet après avoir été absorbées par le corps à travers la peau et les muqueuses du nez. L'eczéma, les rhinites, l'asthme et le syndrome du côlon irritable peuvent être soignés par l'aromathérapie qui contribue aussi à la gestion du stress.

Les huiles d'aromathérapie pures sont très puissantes et aussi très chères. Lorsqu'on les vaporise sur la peau, elles sont habituellement diluées dans un « transporteur » comme une huile d'amande douce ou de l'huile de tournesol. Cependant, quelques gouttes de l'huile essentielle elle-même peuvent être ajoutées au bain. Votre thérapeute souhaitera connaître votre histoire de cas, particulièrement si vous avez des problèmes de peau, ainsi que votre mode de vie. Il faut choisir les huiles avec soin selon le résultat escompté, comme la détente ou la stimulation. Le thérapeute peut vous faire un massage facial ou de tout le corps.

Les précautions à prendre

Assurez-vous que votre thérapeute est qualifié, surtout si vous êtes enceintes, si vous faites de l'hypertension ou de l'épilepsie. Gardez les huiles essentielles hors de portée des enfants et à l'écart des flammes nues et ne les prenez jamais par la bouche, sauf si vous êtes supervisés par un thérapeute médicalement qualifié. Voir aussi **Choisir un thérapeute,** p. 139.

L'auto-aromathérapie

Si vous avez une peau sensible, il est important de tester l'huile « transporteur » et l'huile d'aromathérapie (p. 25) avant de l'appliquer sur une grande surface de peau. N'en appliquez pas près des yeux. Diluez toujours les huiles d'aromathérapie avec précaution en suivant les indications du fabricant (sauf pour l'huile de lavande appliquée sur des brûlures ou l'huile de l'arbre à thé sur les piqûres d'insectes). Si vous faites de l'asthme ou si vous êtes prédisposés aux saignements de nez (voir p. 149 pour **l'auto-massage**), consultez avant de faire des inhalations.

La menthe poivrée : diluez-la beaucoup pour soulager les spasmes produits par le syndrome du côlon irritable (SCI) (p. 34) ou si vous l'utilisez comme décongestionnant nasal. Évitez de prendre simultanément des remèdes homéopathiques et ne l'utilisez pas pour les enfants de moins de 12 ans.

La camomille d'Allemagne : utilisez-la pour soigner les troubles digestifs, l'insomnie et les maux de tête. Même si elle peut provoquer une réaction cutanée chez certaines personnes, son action anti-inflammatoire peut aider à apaiser les allergies comme l'asthme et le rhume des foins et à calmer les démangeaisons de la peau. Évitez-la pendant la grossesse et testez-la sur la peau avant de l'utiliser.

La lavande a une action sédative et antispasmodique. Utilisez-la sur une piqûre d'insecte, pour apaiser la tension nerveuse et pour les problèmes digestifs.

Le romarin a une action stimulante et peut soulager les maux de tête ainsi que les problèmes digestifs. Évitez-le pendant la grossesse, si votre tension artérielle monte et si vous faites de l'épilepsie.

L'hypnothérapie

En hypnothérapie, le thérapeute provoque un état similaire à une transe. Cela ressemble à un rêve éveillé pendant lequel vous êtes complètement détendus et accueillez toutes les suggestions. Contrairement à la croyance populaire, on ne peut pas vous faire faire des choses que vous ne voulez pas faire. L'hypnothérapie peut diminuer le stress et peut soulager les problèmes d'allergies, dont le syndrome du côlon irritable (SCI), les dépendances alimentaires, l'eczéma, l'asthme et les maladies de la peau. Si vous consultez un praticien, la session durera environ 1 h et il est possible que vous ayez besoin d'un traitement hebdomadaire.

Les précautions à prendre

Assurez-vous que votre praticien est qualifié et digne de confiance. L'hypnothérapie ne convient pas si vous faites de l'épilepsie. Si vous avez un problème psychologique important comme une dépression grave ou une psychose, consultez votre praticien avant de commencer quelque type que ce soit d'hypnothérapie. Voir aussi **Choisir un thérapeute,** p. 139.

L'auto-hypnose

Les gens peuvent apprendre à s'auto-hypnotiser grâce à un thérapeute, ce qui est probablement la meilleure manière, ou encore grâce à des enregistrements ou à des livres. Il est utile de pratiquer quotidiennement pendant 20 à 30 min. Il faut que vous trouviez un endroit chaud où vous pourrez adopter une position confortable et où vous ne serez pas dérangés.

Imaginez que vous marchez le long d'un sentier ou que vous descendez un long escalier. Comptez à rebours de 10 à 0 pendant que votre corps se détend. Répétez alors des phrases positives qui décrivent votre objecti, comme : « Chaque jour, je me sens de mieux en mieux, psychologiquement et physiquement. » Vous pouvez aussi faire un enregistrement qui commence, par exemple, par une musique qui vous calme ou par des sons naturels, comme le bruit des vagues qui se brisent sur la plage ou le vent qui souffle dans les arbres. Vous pouvez enregistrer ensuite votre phrase ou vos phrases pour que vous puissiez les écouter et vous détendre plus efficacement. Lorsque vous êtes prêts, imaginez que vous revenez sur le sentier que vous avez déjà parcouru, mais, cette fois, en comptant de 0 à 10, tout en vous sortant de votre état hypnotique.

La réflexologie

Les spécialistes de la réflexologie croient que les divers organes et les parties du corps sont représentés, un peu comme une carte géographique, sur certains endroits des pieds et des mains. En massant les pieds et en appliquant une pression sur les endroits qui représentent les différents organes, ces spécialistes estiment qu'ils peuvent stimuler le corps pour qu'il se guérisse lui-même et maîtrise des allergies comme l'asthme et l'eczéma.

Une séance de réflexologie dure environ 1 h et, pendant la première consultation, le thérapeute vous posera des questions sur votre histoire de cas et sur votre mode de vie. La réflexologie peut interférer avec l'action des médicaments, il faut donc que le thérapeute soit informé, si c'est le cas, des médicaments que vous prenez. Il doit savoir aussi si vous consultez un herboriste, un homéopathe ou un aromathérapeute. En réflexologie, on n'utilise pas de lubrifiants parce qu'ils rendraient la peau trop glissante pour que la pression soit appliquée efficacement. Il se peut que vous ressentiez, le lendemain, une « crise de guérison » sous forme d'un mal de tête ou de fatigue.

Les précautions à prendre

Il est important que vous consultiez votre médecin pour savoir si vous avez une maladie à long terme, comme un problème thyroïdien ou le diabète. Vous devriez éviter tout traitement de réflexologie pendant les trois premiers mois de la grossesse. Voir aussi **Choisir un thérapeute,** p. 139.

Le shiatsu

Le shiatsu est né de la médecine chinoise traditionnelle, mais il a été influencé par l'Occident. Le praticien fera une histoire de cas complète avant d'appliquer une pression sur différentes parties du corps pour stimuler la circulation de l'énergie corporelle, ce qui favorise la guérison et le retour à la santé. Le traitement est vigoureux, mais il devrait vous permettre de vous détendre complètement. Il se peut qu'une crise de guérison se manifeste ensuite par des maux de tête ou de la lassitude, mais cette crise est généralement brève et le niveau d'énergie augmente par la suite. Le shiatsu peut particulièrement contribuer à l'apaisement des migraines.

Les précautions à prendre

Informez votre thérapeute si vous êtes enceintes ou si vous avez une maladie chronique comme le SIDA, le SFC, un cancer, de l'hypertension, de l'épilepsie, de l'ostéoporose, des varices ou si vous avez fait une thrombose, car les techniques de shiatsu ne conviennent pas à ces maladies. Si vous mangez, si vous buvez de l'alcool, si vous prenez un bain chaud ou une douche chaude ou si vous faites un exercice violent immédiatement avant ou après le traitement, il se peut que le traitement soit neutralisé. Voir aussi **Choisir un thérapeute,** p. 139.

L'herborisme occidental

En herborisme occidental, les remèdes utilisés sont extraits des plantes qui poussent dans le monde entier. Ils permettent de recouvrer la santé et, aussi, de vous maintenir en bonne santé. Les remèdes sont extraits des fleurs, des racines et d'autres parties des plantes et constituent un mélange d'ingrédients actifs. Les herboristes croient qu'ils agissent de manière conjuguée pour donner un effet doux, mais plus puissant. Au contraire, l'industrie pharmaceutique cherche à isoler un seul ingrédient qui produira probablement l'effet recherché, cela facilite la normalisation et l'effet du médicament est habituellement plus rapide que si l'on utilise un extrait de plante. Par ailleurs, les effets secondaires sont plus fréquents.

Les plantes sont constituées de substances chimiques complexes qui peuvent influencer les processus chimiques du corps et permettre au système immunitaire d'agir plus efficacement. On n'a pas encore compris comment elles agissent exactement, mais on découvre petit à petit l'importance des plantes utilisées en cuisine pour améliorer la santé (p. 109). Il n'y a aucun doute qu'un jour, on comprendra mieux le rôle des plantes utilisées à des fins médicinales.

La première consultation avec un herboriste dure environ 1 h, mais les visites qui ont lieu par la suite pour assurer le suivi sont généralement moins longues. L'herboriste s'informera de vos symptômes actuels, de votre histoire de cas et de votre mode de vie et vous examinera peut-être aussi. Les normes de formation des praticiens de l'herborisme varient considérablement selon les pays ainsi que selon la législation qui autorise ou interdit la vente des plantes.

Les précautions à prendre

Informez toujours votre médecin et votre herboriste des traitements que l'autre spécialiste a prescrits. Consultez votre médecin avant de modifier la posologie des médicaments traditionnels qu'il vous a prescrits.

Si de nouveaux symptômes se manifestent ou si vos symptômes s'aggravent, consultez rapidement votre médecin ou votre praticien. Ne vous soignez pas vous-mêmes avec des plantes médicinales si vous prenez des médicaments prescrits par votre médecin, si vous avez une maladie cardiaque, si vous faites de l'hypertension, un glaucome ou si vous êtes enceintes. Souvenez-vous que les plantes sont souvent difficiles à identifier, et que certaines sont toxiques. Prenez donc des précautions si vous cueillez vous-mêmes des plantes sauvages. Voir aussi **Choisir un thérapeute,** p. 139.

Se libérer de toute allergie

ON A QUALIFIÉ « D'ÉPIDÉMIE CONTEMPORAINE » L'IMPRESSIONNANTE AUGMENTATION DU NOMBRE D'ALLERGIES ET D'INTOLÉRANCES CONS-TATÉES DE NOS JOURS. CEPENDANT, NOUS ESPÉRONS QUE CE LIVRE VOUS A DÉMONTRÉ QUE SI VOUS SOUFFREZ D'UNE ALLERGIE, VOTRE SANTÉ N'EST PAS CONDAMNÉE POUR AUTANT. IL EST POSSIBLE DE MAÎTRISER LES ALLERGIES ET VOUS POUVEZ, EN SUIVANT LES TRAITE-MENTS OU EN PRENANT LES REMÈDES SUGGÉRÉS, CONTINUER À VIVRE ET À JOUIR D'UNE VIE SANS AUCUNE ALLERGIE.

Si vous souhaitez poursuivre une vie sans allergie, il est important d'entretenir votre santé et votre vitalité en général et de modifier quelque peu votre mode de vie.

- Mangez de manière saine. Rappelez-vous de consommer une grande variété de différents aliments, d'équilibrer votre consommation de protéines, d'hydrates de carbone et de matières grasses. Buvez beaucoup d'eau.

- Songez à prendre des suppléments alimentaires : augmentez votre niveau de nutriments en prenant des suppléments vitaminiques et minéraux et soignez certaines maladies spécifiques avec des plantes médicinales.
- Faites régulièrement de l'exercice : par exemple, faites du yoga ou du taï chi et apprenez à gérer votre stress.
- Aménagez un environnement peu allergène.
- Traitez vos symptômes ou vos maladies spécifiques : étudiez les diverses thérapies offertes et choisissez celle qui vous convient.

Pour plusieurs d'entre nous, les allergies sont une alerte qui devrait nous inciter à écouter notre corps et à le soigner. Profitez de cette occasion !

Index

Les mots entre parenthèses indiquent les familles d'aliments.